CONVERTIRSE EN PERSONAS *EUCARÍSTICAS*

"Nuestras comunidades parroquiales están llamadas a ser Pueblo Eucarístico, una fuerza evangelizadora que encarne a Cristo en lo cotidiano. Timothy P. O'Malley, de una manera creativa, desafiante y perspicaz, nos ofrece sugerencias prácticas para el cultivo de una Cultura Eucarística y para el continuo discernimiento pastoral. Una lectura recomendada para todos los sacerdotes y laicos".

Peter J. Ductram
Director Ejecutivo de Ministerios
Diócesis de Dallas

"O'Malley es un visionario que ha escrito una guía concisa, practica y realista que responde a la invitación personal que Cristo hace a cada uno de nosotros y que fomenta un avivamiento eucarístico no solo de manera personal, sino que propone una espiritualidad de comunión entre Dios hecho hombre y toda la humanidad. Definitivamente uno de los mejores libros pastorales que aborda los desafíos actuales de nuestra Iglesia y como la presencia eucaristica puede sanar y dar vida a un mundo fragmentado".

Adrian Alberto Herrera
Director Asociado, Oficina de Evangelización y Catequesis
Arquidiócesis de Galveston-Houston

"Timothy P. O'Malley presenta una visión profunda del discipulado eucarístico, colocar el amor de Cristo y la promesa de la transformación humana en el centro de todo lo que hacemos. El enfoque de O'Malley en las diferentes dimensiones de la cultura abre un camino para avanzar intencionalmente con la guía del Espíritu Santo en el compromiso de crear una cultura eucarística parroquial que transforme todas las áreas de la vida católica. Este libro te inspirará a un nuevo sentido de reverencia por la Eucaristía y un amor divino que busca la santidad de cada persona y la esperanza de la vida eterna. Una lectura excelente para cualquier líder parroquial que desee renovar su parroquia para responder mejor a los desafíos de nuestro tiempo".

María G. Covarrubias
Directora, Departamento del Ministerio de Servicios Educativos
Diócesis de San Bernardino

"Venimos de una cultura católica. Pero si no se convierte en una cultura eucarística, morirá con nosotros. Este libro contiene pasos claros para transmitir lo más valioso a los que vendrán después".

P. Agustino Torres, CFR
Presidente y Fundador de Corazón Puro

Traducido por Andrés Arango

CATOLICISMO INTERESANTE

CONVERTIRSE EN PERSONAS *EUCARÍSTICAS*

La esperanza y promesa de la vida parroquial

Timothy P. O'Malley

Instituto McGrath para la vida de la Iglesia | Universidad de Notre Dame

AVE MARIA PRESS AVE Notre Dame, Indiana

Nihil Obstat: Reverendo Monseñor Michael Heintz, PhD, *Censor Librorum*
Imprimatur: Reverendísimo Kevin C. Rhoades, Obispo de Fort Wayne–South Bend
8 de diciembre de 2021

Los textos bíblicos de esta obra están tomados de la *Nueva Biblia Americana, edición revisada* © 2010, 1991, 1986, 1970 Confraternidad de la Doctrina Cristiana, Washington, DC, y se utilizan con permiso del propietario de los derechos de autor. Todos los derechos están reservados. Ninguna parte de la *Nueva Biblia Americana* puede ser reproducida en ninguna forma sin el permiso por escrito del propietario de los derechos de autor.

Prólogo © 2022 por el obispo Andrew H. Cozzens

Traducido por Andrés Arango

© 2022, 2023 por el Instituto McGrath para la vida de la Iglesia

Todos derechos reservados. Ninguna parte de este libro puede ser usada ni copiada en ninguna manera sin la autorización por escrito de la editorial Ave Maria Press®, Inc., P.O. Box 428, Notre Dame, IN 46556-0428; excepto en el caso de ejemplares para el uso de críticas literarias.

La editorial Ave Maria Press, fundada en 1865, es un ministerio de la Provincia de los Estados Unidos de la Congregación de Santa Cruz.

www.avemariapress.com

Libro de bolsillo: ISBN-13 1-64680-271-3

Libro electrónico: ISBN-13 1-64680-282-9

Número de producto 30010

La imagen de la portada de "El Triunfo de la Cruz" es del ábside de la Basílica de San Clemente, Roma.

Diseño de portada y de texto: Samantha Watson.

Impreso y empastado en los Estados Unidos de América.

*A mis profesores,
John C. Cavadini

y
Bruce T. Morrill, SJ*

ÍNDICE

Prólogo del obispo Andrew H. Cozzens xi

Prólogo de la serie por John C. Cavadini xv

Prefacio xix

1. ¿Qué es la cultura eucarística? 1

2. Una cultura de la reverencia eucarística 29

3. Una cultura de formación eucarística integral 53

4. Un catolicismo popular eucarístico 85

5. Una cultura de la solidaridad eucarística 99

Conclusión: Un lugar en el que los corazones están continuamente en llamas 115

Notas 117

PRÓLOGO

Tengo un recuerdo muy vívido de un retiro que dirigí para jóvenes como joven sacerdote. Habíamos pasado el día dando charlas, guiando a los asistentes al retiro en pequeños grupos, ofreciéndoles la confesión y, por la tarde, tuvimos un tiempo de adoración eucarística. Mientras me sentaba al fondo del grupo de unos cincuenta jóvenes de secundaria arrodillados y rezando en adoración, el movimiento del Espíritu de Dios era palpable, casi podía ver cómo nuestro Señor Eucarístico estaba actuando en sus corazones. Me llené de gratitud y mientras agradecía al Señor, me habló a mi propio corazón: "Esto es todo lo que tienes que hacer: tráemelos a la Eucaristía y déjame trabajar". Años más tarde me daría cuenta de que esto es lo que el Papa Francisco llamaría una cultura del encuentro, y vería lo central que era este encuentro para el trabajo de evangelización. Ofrecimos un espacio para que estos jóvenes se encontraran con el Señor vivo y eso les permitió abrir sus corazones a Jesucristo y a su Iglesia.

Décadas más tarde, ahora sirvo como obispo de Crookston, Minnesota, y soy el obispo encargado de guiar a la Iglesia estadounidense en un proceso de avivamiento eucarístico. Después de años de servicio en parroquias e instituciones, y de trabajar con varios movimientos evangelizadores, estoy convencido de que la renovación de la Iglesia no vendrá a través de programas, sino de un encuentro más profundo con el Señor

Eucarístico. Estoy convencido de que lo necesitamos, no solo porque los estudios muestran que muchos católicos no entienden la Eucaristía, sino porque Jesucristo en la Eucaristía tiene el poder de transformar vidas, si invitamos a la gente a encontrarse con él.

Todo esto puede parecer un poco ingenuo. Al fin y al cabo, los retos a los que se enfrenta el catolicismo estadounidense son enormes. Internamente, hay mucha desconfianza en la Iglesia. Mucha gente, como es natural, desconfía de sus obispos tras las consecuencias de la crisis de los abusos sexuales. La desafiliación y la secularización van en aumento. Muchos católicos se pelean entre sí. ¿Servirá de algo la Eucaristía? Externamente, los retos son igualmente empinados. Muchas personas han experimentado la pérdida durante la pandemia del COVID-19. Hemos quedado aislados unos de otros. En el verano de 2020—en la misma ciudad en la que yo servía como obispo auxiliar—experimentamos de nuevo la injusticia del racismo con la muerte de George Floyd. Los inmigrantes siguen sufriendo en nuestras fronteras. Y nuestro país sigue apoyando el aborto de una manera que ninguna otra nación lo hace. ¿Cómo va a servir la Eucaristía como fuente de sanación en este tiempo de malestar? ¿Puede el Avivamiento Eucarístico realmente jugar un papel en la renovación de la Iglesia y la sociedad?

En este libro, el Dr. Timothy P. O'Malley, del Instituto McGrath para la vida de la Iglesia de la Universidad de Notre Dame, ofrece una respuesta a esta pregunta: pasar tiempo ante el Señor Eucarístico ayuda a construir el tipo de cultura que fomenta la comunión eucarística.

Prólogo

O'Malley sugiere que esta cultura implica cuatro dimensiones. Un culto eucarístico reverente y enculturado, una formación eucarística integral que atienda a todas las fuentes posibles de catequesis, un enfoque de la vida católica que reconozca que cada dimensión de nuestra vida—tanto pública como privada—debe entenderse como eucarística, y el cultivo de una solidaridad eucarística que transforme tanto la parroquia como el barrio.

El libro de O'Malley no es solo un argumento. Es una invitación a la tarea común de discernimiento para que las parroquias, escuelas y apostolados católicos examinen cuidadosamente si la Eucaristía es la fuente y la cumbre de sus vidas. Este libro invita a plantearse preguntas difíciles pero saludables. ¿Es nuestro culto reverente? ¿Nuestra catequesis atiende a toda la persona? ¿La presencia de Jesucristo en la Eucaristía conduce a los hombres y mujeres hacia un testimonio más profundo del amor divino en el mundo?

De hecho, este es el tipo de preguntas que surgen cuando pasas tiempo con Jesucristo en la Eucaristía. Las percepciones que tienes cuando reconoces que la Eucaristía es un sacrificio de amor, que llama a toda la Iglesia a una entrega más profunda y a una comunión más profunda.

Al final, O'Malley no ofrece un programa. Ofrece un plan para un avivamiento eucarístico que tiene el poder de sanar las heridas de la Iglesia y de la sociedad por igual. Ese avivamiento, al final, no es un programa, sino un despertar de la conciencia de que el sentido del mundo es el amor: El amor de Dios. Dado, derramado y compartido. Es este amor el que lo cambia todo.

El Reverendísimo Andrew H. Cozzens
Obispo de Crookston, Minnesota

PRÓLOGO DE LA SERIE

Probablemente, la doctrina no es lo primero que nos viene a la mente cuando consideramos la labor pastoral de la Iglesia. Tendemos a suponer que la doctrina es abstracta, que interesa sobre todo a los teólogos y al clero, cuya vocación es contemplar cuestiones elevadas de creencia. Por otro lado, tendemos a pensar que la vida pastoral de la Iglesia se consume principalmente en cuestiones prácticas: ¿Cómo rezar? ¿Cómo transmitimos la fe a la siguiente generación? ¿Cómo formamos a los cristianos para que se ocupen de los hambrientos y sedientos? ¿Cómo pueden nuestras parroquias convertirse en espacios de discipulado vivido? ¿Cuáles son las mejores prácticas para la formación de las familias católicas? Al presentar en conferencias de catequesis en las diócesis un punto específico de la teología católica, el profesorado y el personal del Instituto McGrath para la vida de la Iglesia a menudo escuchan la pregunta: "Entonces, ¿cuál es el significado? Dígame los aspectos prácticos".

La separación entre la doctrina y la práctica es mala para los teólogos, los líderes pastorales y los cristianos que buscan crecer en santidad. Lleva a que los teólogos dejen de ver su vocación como algo relacionado con la Iglesia. Los teólogos académicos hablan un lenguaje que solo poseen los ilustrados. En ocasiones, dirigen su atención a las creencias y prácticas ordinarias de los fieles, reaccionando a veces con diversión u horror a que se pueda ser tan primitivo como para adorar la Eucaristía o dejar flores ante la Virgen de Guadalupe. Se supone que el ámbito adecuado para que la teología ejerza su oficio es el seminario de doctorado, no la parroquia o la escuela secundaria católica.

Asimismo, la estrategia pastoral se desarrolla con demasiada frecuencia al margen del tesoro intelectual de la Iglesia. Esa estrategia es irreflexiva, no es capaz de examinar críticamente sus propios supuestos. Por ejemplo, el modo de preparar a los adolescentes para la Confirmación es un problema teológico y pastoral. Sin la sabiduría de la doctrina sacramental, responder a esta necesidad pastoral se convierte en una cuestión de conjetura pragmática, que lamentablemente conduce a la variedad de teologías implícitas y a menudo empobrecidas de la Confirmación que surgieron en el siglo XX. La estrategia pastoral divorciada de la riqueza doctrinal de la Iglesia puede dejar a la catequesis sin nada que valga la pena transmitir. Si se quiere ser pastor de jóvenes, no basta con conocer las mejores prácticas para acompañar a los adolescentes en la adolescencia, ya que se puede acompañar a alguien incluso por un precipicio. Los responsables de la pastoral deben saber también mucho de lo que enseña el catolicismo para conducir a los miembros del Cuerpo de Cristo a la plenitud de la felicidad humana.

La serie "Catolicismo Interesante" le invita a ver la intrínseca e íntima conexión entre la doctrina y la vida pastoral de la Iglesia. Al fin y al cabo, las doctrinas son el modo normativo de transmitir los misterios de nuestra fe. Las doctrinas nos hacen capaces de recoger un misterio, llevarlo y entregarlo a otra persona. Las doctrinas, estudiadas y comprendidas, nos permiten saber que *estamos* transmitiendo *este misterio* y no un sustituto.

Para transmitir adecuadamente los misterios de nuestra fe, el líder pastoral tiene que *saber que una determinada doctrina contiene un misterio,* tiene que tener la doctrina abierta para que recibirla signifique encontrarse con el misterio que conlleva. Solo entonces se puede ser transformado por la doctrina. El problema con la práctica religiosa no formada o inadecuadamente formada por la doctrina es que espera una elevación espiritual fácil y casi continua, que no puede ser sostenida si uno tiene suficiente comprensión de su propia humanidad. En el Instituto McGrath para la vida de la Iglesia confiamos en las doctrinas cristianas como verdades salvadoras, portadoras del misterio del Dios que es amor. Creemos en la importancia de estas enseñanzas para hacernos cada vez más humanos, y creemos en la urgente necesidad de hablar de las doctrinas de la Iglesia en, para y con aquellos que atienden la vida pastoral de la Iglesia. No podemos pensar en ninguna tarea más importante que ésta. Los libros de esta serie representan nuestros mejores esfuerzos en este esfuerzo crucial.

John C. Cavadini
Director del Instituto McGrath para la vida de la Iglesia
Universidad de Notre Dame

PREFACIO

En la historia de la Iglesia católica, las pandemias suelen precipitar la renovación. Surgen nuevos santos y órdenes religiosas. Aumentan las vocaciones al sacerdocio y florece la práctica litúrgica. Se forman asociaciones de laicos para renovar la vida social tras la pandemia. Este florecimiento de la actividad religiosa como respuesta a la peste tiende a convertirse en la ocasión de una evangelización renovada de las sociedades y las culturas.[1]

Y, sin embargo, la Iglesia católica en los Estados Unidos a finales del verano de 2021, mientras escribo esto, no es la misma que la de Europa durante los siglos de la peste o la de América durante la gripe española de 1918. Las encuestas de Pew y Gallup nos recuerdan insistentemente el descenso de la práctica religiosa entre los residentes de los Estados Unidos.[2] El gran temor tras el COVID-19 es que, tras meses de ausencia, los católicos cuya afiliación a la Iglesia era más bien escasa para empezar no vuelvan nunca. No echaron de menos la mala predicación, la mala música y una comunidad que nunca supo su nombre. Las mañanas de los domingos se pueden emplear mejor haciendo casi cualquier otra cosa, o tal vez viendo parte de una Misa transmitida en directo si encaja en el horario.

La pandemia ha puesto de manifiesto espacios de gran angustia social en los Estados Unidos. Esta angustia se ha exacerbado a través de las plataformas de los medios sociales, donde se puede ver la polarización de los ciudadanos estadounidenses en torno al racismo, el uso de máscaras, las vacunas, el cierre temporal de las iglesias y todo lo relacionado con la política. La violencia no se queda en las redes sociales. En los Estados Unidos, en los veranos de 2020 y 2021, la violencia con armas de fuego aumentó en las calles de nuestras ciudades. Los tiroteos masivos son ahora un terrorífico ritual casi mensual. Con demasiada frecuencia, vemos imágenes o escuchamos historias de jóvenes hombres y mujeres de color asesinados en las calles por el color de su piel. Al mismo tiempo, varios medios de comunicación aumentan el miedo, cubriendo esos momentos como espectáculos para que todos los contemplemos. En este contexto, nuestra solidaridad con la víctima se convierte en una cuestión de política partidista, una *anticomunión* en la que la gente elige un bando en lugar de escuchar los lamentos de la víctima y de sus familias que claman por justicia.

Esta violencia se extiende a nuestras parroquias, donde los hijos e hijas de Dios bautizados desarrollan una desconfianza hacia sus obispos, sus sacerdotes y los demás. Vemos una fractura de la comunión en la propia Iglesia. Al principio de la pandemia, los feligreses a menudo criticaban a sus párrocos incluso por las precauciones más básicas adoptadas contra el COVID-19. Abandonaban las parroquias que consideraban demasiado sumisas a las recomendaciones de los Centros de Control y Prevención de Enfermedades. Ahora que las vacunas están presentes en los Estados Unidos, algunos católicos desconfían de cualquier católico que se quite la máscara. Presumen que su compañero del Cuerpo de Cristo no se preocupa por el bien común. Algunos católicos,

Prefacio

independientemente de lo que diga o haga su obispo, responden con recelo.

La desconfianza local, sin embargo, es solo una dimensión de la epidemia de desconfianza en la Iglesia. En junio de 2021, los obispos estadounidenses se reunieron para discutir la redacción de un documento de enseñanza sobre la Eucaristía. El propósito de este documento docente era fomentar un avivamiento eucarístico en los Estados Unidos. A través de la presencia real de Jesucristo en el Santísimo Sacramento y nuestro comer y beber de su Cuerpo y Sangre, ¿podemos volver a aprender el arte de la presencia y la comunión en una Iglesia y un mundo fracturados?

El alcance de esta fractura de la comunión se puso de manifiesto en el propio debate de los obispos sobre este documento eucarístico y la posterior reactivación. A pesar de la amplitud teológica del texto propuesto, la mayor parte de la atención se centró en una sección sobre la coherencia eucarística y la vida política. Al menos durante un mandato (2020–2024), Estados Unidos tiene por segunda vez un presidente católico. El presidente Joe Biden es un activo asistente a la Misa, un católico en la esfera pública, que también mantiene una variedad de posiciones que contradicen la enseñanza de la Iglesia, incluyendo el aborto, la libertad religiosa y el matrimonio gay. Algunos obispos han pedido que al presidente Biden se le niegue la comunión en la Misa debido a estas posiciones.

A veces, el debate sobre el documento se ha convertido en el mismo vaivén partidista que con demasiada frecuencia define la política en nuestra época. En los meses siguientes, a pesar de los numerosos obispos que dijeron a la Iglesia y al mundo que el documento se refería a la Eucaristía y no al presidente Biden, pocos lo creyeron. La gente empezó a tomar partido. No necesitamos un documento sobre la Eucaristía, argumentaron algunos. Lo que realmente necesitamos es una reforma eclesial. En lugar de esperar a que se publicara el documento, todo el mundo parecía haber tomado una decisión sobre el contenido del texto. En los días previos a la reunión episcopal de noviembre de 2021, muchos blogs dijeron que los obispos se reunían en Baltimore para determinar si excomulgaban o no al presidente Biden. Una copia del documento se publicó antes de la reunión, y enseguida hubo reacciones negativas, especialmente en Twitter. ¿Por qué los obispos se preocupan tanto por la presencia real y no por la injusticia social? ¿Por qué los obispos gastan dinero en un Congreso Eucarístico nacional en 2024 cuando podrían estar ayudando a los hambrientos y sedientos? ¿Es esta realmente una forma de los obispos de los Estados Unidos de adherirse al Papa Francisco?

Cuando los obispos de los Estados Unidos se reunieron en Baltimore, quedó claro que gran parte del dramatismo en torno al documento docente (titulado "El misterio de la Eucaristía en la vida de la Iglesia") fue fabricado.[3] El documento, a pesar de las afirmaciones de los detractores, es una representación fiel de la visión eucarística de la Iglesia del Concilio Vaticano II. Está en sintonía con la totalidad del propio magisterio del Papa Francisco. El párrafo inicial comienza con el hecho de que el Papa Francisco presidió el rito de la Exposición y Bendición Eucarística durante la pandemia del COVID-19. A partir de ahí, el texto vuelve a proponer a la Iglesia una visión de la renovación eclesial basada en el sacrificio eucarístico, la presencia real y la comunión de amor abnegado que constituye la identidad misma de la Iglesia. La Iglesia hace la Eucaristía y, más fundamentalmente, es la Eucaristía la que constituye la Iglesia.

Junto con este documento se propone un avivamiento eucarístico de tres años en nuestras parroquias, escuelas, familias y barrios. Este Avivamiento Eucarístico busca renovar la Iglesia local a través de una mayor apreciación del misterio eucarístico, de la presencia sacrificial de Jesucristo que es la razón misma de la existencia de la Iglesia en primer lugar. Al final de este proceso de tres años, habrá un Congreso Eucarístico nacional en Indianápolis. Este encuentro nacional es solo una parte del Avivamiento. El corazón del mismo es la renovación local, un nuevo compromiso de cada parroquia, escuela y familia para convertirse en lo que se recibe en la Eucaristía, una comunión de amor derramada para la vida del mundo.

Tanto el documento como el avivamiento eucarístico son parte integrante de la renovación de la Iglesia en la era post-COVID. Sí, la pandemia ha provocado la muerte de decenas de miles de estadounidenses, la cancelación de ritos de paso, y con demasiada frecuencia nos ha enseñado a ver al prójimo como una fuente de contagio en lugar de un ser humano al que hay que amar. Sí, estamos más polarizados como Iglesia y como mundo de lo que lo hemos estado nunca. Nos peleamos por todo en las redes sociales, desconfiando de todas las figuras de autoridad. Sí, la Iglesia está perdiendo feligreses por la compleja dinámica de la desafiliación. Pero en medio de estas crisis, no debemos perder la esperanza. Es a través de una renovación eucarística que podemos recordar de nuevo lo que significa pertenecer al Pueblo de Dios, al Cuerpo de Cristo y al Templo del Espíritu Santo. No somos una burocracia o una ONG, sino una comunión de hombres y mujeres llamados a la cena del Cordero.

La tesis de este libro es que la Eucaristía puede proporcionar a todas las parroquias de los Estados Unidos una misión renovada de evangelización centrada en la presencia de Jesucristo, y que, sin embargo, nos llama a las márgenes para fomentar una comunión de amor que pueda transformar cada grieta y hendidura del cosmos. La noche anterior a la muerte de Jesucristo, en la que se entregó a las tinieblas del corazón humano, tomó el pan y el vino y se lo dio a sus discípulos. En el preciso momento en que el Señor conoció las sórdidas profundidades de la anticomunión, respondió mediante el amor de entrega. Entregó el mismo Cuerpo sobre el que los hombres y las mujeres infligirían violencia. Al pronunciar una palabra de amor, palabra que respaldó con la entrega de sí mismo por la vida del mundo, restableció la comunión entre Dios y toda la familia humana. Incluso ahora, en todas las iglesias parroquiales de este mundo, se celebra este sacrificio de amor. Él sigue entregándose a nosotros. Cada luz del sagrario es un testimonio memorial de la presencia de Jesucristo, que nos acompaña en los momentos turbulentos de nuestra vida personal y de nuestra historia social.

Sin embargo, no basta con hablar de la Eucaristía. La crisis de la Iglesia y del mundo en este momento no es solo intelectual. Es una crisis del corazón, un olvido del deseo de comunión total que es el destino de todo hombre y mujer. Este es el argumento implícito de mi libro *Presencia real: ¿Qué significa y por qué es importante?* (Ave Maria Press, 2021). Uno puede hacer un

Prefacio

asentimiento intelectual a la enseñanza de la Iglesia en torno a la Eucaristía, entendiendo lo que significa la presencia real y la transubstanciación por igual. Pero este acto de comunicación no significa que un católico individual, o incluso una parroquia entera, viva de repente la Eucaristía. Como escribí en ese libro, "tenemos que apropiarnos de la doctrina, mantenerla en nuestra imaginación religiosa e inclinarnos ante el Santísimo Sacramento antes de hacer un asentimiento real a la presencia real".[4] Debemos cultivar una cultura eucarística en la parroquia en la que no solo se trate la presencia real de Cristo como una doctrina católica muy importante, sino que su verdadera presencia en el Santísimo Sacramento infunda la visión del mundo y las prácticas de esa parroquia. La parroquia se apropia de esta doctrina para convertirse en un espacio de don en el que cada hombre y mujer es conducido a una comunión más profunda con Dios y con los demás.

La tarea de este libro, una secuela de *Presencia real,* es iniciar un avivamiento eucarístico para la Iglesia en el que la presencia de Jesucristo en la Palabra y en los sacramentos comience a curar los malestares que sufrimos en esta segunda década del siglo XXI. El problema de la desafiliación es bastante real, y sostengo que una cultura eucarística dentro de nuestras parroquias es integral para invitar a la gente a volver a la vida parroquial o a hacerse católica en primer lugar.

Sí, podemos invitar a la gente a volver a Misa. Podemos hacer anuncios que atraigan a los católicos para que vuelvan a casa. Podemos dialogar con los marginados, escuchando sus preocupaciones. Pero, ¿qué encuentran los católicos cuando vuelven a casa, cuando se les convence para que den una segunda oportunidad a la Misa? Si somos polarizados, poco hospitalarios, poco atentos a los márgenes, y quizás tratamos la religión como un asunto totalmente privado, ¿por qué se quedarán? O, si celebramos la Eucaristía de la manera más irreverente, tratando de ser lo más eficientes posible para que la gente entre y salga y no se queje por interrumpir sus planes dominicales, ¿debería sorprendernos que la gente piense que el Santísimo Sacramento no es tan importante para sus vidas?

A pesar de las guerras contenciosas que estallan en torno a la liturgia, este libro afirma que es la presencia eucarística de Jesucristo la que puede responder a la polarización—la anticomunión—endémica en la Iglesia y la sociedad actuales. Al fin y al cabo, la Eucaristía nunca es solo un encuentro privado de un individuo con el Señor. El fin de la Eucaristía es un anticipo de la comunión de Dios y la persona humana, una comunión que ha de extenderse al prójimo. La desconfianza actual en el seno de la Iglesia evidencia la ausencia de una cultura eucarística definida por una vida común en la que creemos realmente que el Dios-hombre habita entre nosotros. A través de la morada del Cuerpo y la Sangre de Cristo entre nosotros, hemos de compartir una vida en común impregnada de su presencia eucarística. Este es mi cuerpo—el Cuerpo de Cristo entero, cabeza y miembros—dado para el mundo. Esta es mi sangre—la Sangre de todo Cristo, cabeza y miembros—entregada por nuestro prójimo.

Es de esperar que la lectura de este libro sea una ocasión para que una parroquia reflexione sobre cada faceta de lo que constituye su cultura eucarística distintiva. Es un libro que pretende suscitar una conversión, un período de discernimiento mutuo por parte de cada miembro de la parroquia. El primer capítulo del libro trata de nuevo los términos *Eucaristía* y *cultura*. La Eucaristía, como enseña el Papa Benedicto XVI en *Sacramentum Caritatis (El Sacramento de la Caridad)*, es un misterio que hay que creer, celebrar y vivir. El misterio de la Eucaristía es vivo, lo que significa que todas las dimensiones de la vida humana deben encontrar un lugar en él. Y eso incluye la propia cultura de la parroquia. *La cultura* no es solo un término que utilizamos para el arte elevado (por ejemplo, me encanta la cultura del Renacimiento) o las comunidades étnicas (por ejemplo, me encanta la cultura mexicana). Más bien, es la visión del mundo y las prácticas implícitas y explícitas de una parroquia.

El título del libro, quizá sorprendentemente, no menciona la palabra *cultura*. Esto se debe a que una cultura no se concibe solo por sí misma. La cultura crea un pueblo. Una cultura eucarística cultivará un pueblo eucarístico. Esto es lo que quiso decir el Concilio Vaticano II al llamar a la Iglesia "Pueblo de Dios", aquellos que son convocados por el sacrificio de Jesucristo, una reunión festiva de hombres y mujeres cuya vocación es eucarística hasta el final. Como escribe el teólogo Louis Bouyer:

> La Iglesia se hace y se mantiene incesantemente a través de la Misa, pues la Misa es la asamblea en la que se proclama la Palabra evangélica, se confiesa la fe cristiana, se parte el Pan, se comparte el Cáliz . . . donde, por tanto, se espera la Parusía. . . . Es decir, la misa es, y sólo es, la Iglesia en acto, la Iglesia haciéndose, sosteniéndose, desarrollándose sin cesar.[5]

Esto no significa que lo único que hace la Iglesia es celebrar la Misa. Pero sí significa que la identidad más profunda de cada parroquia debe ser la Eucaristía, el amor de entrega de Jesucristo para la vida del mundo. El título del libro refleja esta esperanza de que la parroquia pueda llegar a ser en la liturgia eucarística lo que recibe en el altar, y así convertirse en un pueblo eucarístico dedicado a la alabanza, la adoración y el amor oblativo hasta el final. Esta cultura eucarística no se consigue simplemente siguiendo las mejores prácticas para transformar la parroquia en un año. Se necesita tiempo para convertirse en un pueblo eucarístico.

El largo proceso de transformación es la razón por la que se ha elegido un mosaico de la iglesia de San Clemente de Roma para la portada de este libro. San Clemente es una iglesia antigua, que consta de múltiples capas. En el nivel más bajo de la iglesia hay una casa y una calle del siglo I donde los cristianos se reunían para celebrar la Eucaristía. El santuario actual es en parte del año 1100, pero también fue transformado durante el Renacimiento en Roma en el siglo XVII. El mosaico de los años 1100 consiste en una imagen de Cristo en la cruz, rodeado por María y el apóstol Juan. En la vid que rodea a Cristo florecen innumerables flores, imagen de la fecundidad de la Iglesia nacida del costado de Cristo. La cultura eucarística se "cultiva" no inmediatamente, sino a lo largo de los siglos, ya que la presencia del Señor penetra en todas las grietas y hendiduras del cosmos, y el culto eucarístico forma un pueblo.

El resto del libro (capítulos 2, 3, 4 y 5) presenta cuatro dimensiones de una cultura eucarística que cultivará una parroquia como pueblo eucarístico.⁶ El libro sostiene que una cultura eucarística debe incluir estos cuatro elementos:

1. ***Un sentido de reverencia enculturada*** por la celebración de la Misa y el Santísimo Sacramento. No estamos hablando de lo que suele llamarse popularmente la Misa en latín, sino de una sensibilidad de que el Santísimo Sacramento es *realmente* el don del amor divino que recibimos y adoramos juntos en el contexto de toda la liturgia eucarística.
2. ***Una formación integral que no reduzca la Eucaristía catequesis a la explicación de la doctrina exclusivamente***, sino que atiende a la memoria, a la imaginación, al entendimiento, al deseo y a la voluntad, y a nuestra propia identidad como comunidad eucarística. Esta catequesis eucarística privilegiará la formación del adulto como agente de renovación cultural en la vida parroquial.
3. ***La transición de un enfoque privatizado*** de la Eucaristía celebración a un catolicismo público o popular que atiende adecuadamente al trabajo, la fiesta y la familia en el acto del culto eucarístico.
4. ***La promoción de una solidaridad eucarística*** en la parroquia en la que la comunión de amor que nos da Jesús se comparte explícitamente con el mundo, llevándonos a una unidad más profunda con los católicos y los no católicos del barrio. En última instancia, esta solidaridad eucarística es la prueba de lo que los obispos llaman coherencia eucarística.

Además de este libro, el Centro para la Liturgia—parte del Instituto McGrath para la vida de la Iglesi de la Universidad de

Notre Dame—está creando una serie de recursos relacionados con este libro, que estarán disponibles en línea en nuestra página web (http://mcgrath.nd.edu/eucharisticpeople). Entre ellos se incluyen ideas para retiros parroquiales que reflexionen sobre cada dimensión de la cultura eucarística, recursos didácticos y vídeos. Estos recursos dan testimonio de la pedagogía del libro. *Convertirse en pueblo eucarístico* no está pensado exclusivamente para la edificación privada, sino para un proceso común de discernimiento emprendido por los líderes de la parroquia a lo largo de al menos dos años. Para que haya una renovación eucarística, que invite a la gente al banquete del Cordero y nos cure de la violencia de la enemistad, tendremos que convertirnos en comunidades eucarísticas intencionales. Esta transformación requiere tiempo.

Muchas de las ideas que aparecen en este libro son fruto del diálogo con colegas. Estoy especialmente agradecido a dos colegas. Katherine Angulo Valenzuela es la directora del programa Thriving in Ministry del Instituto McGrath. Ella me pidió que me dirigiera a doce líderes laicos de la Iglesia sobre el tema de este libro. Antes de eso, mantuvimos una serie de conversaciones importantes que ayudaron a dar forma a la dirección del proyecto. Katherine es una de las líderes pastorales más astutas de la Iglesia actual. Tiene una visión de cómo la belleza enculturada del catolicismo podría animarnos con alegría, y tiene un corazón para los márgenes, para los olvidados. Espero haber aprendido un poco de esta *misericordia* (la misericordia del corazón, en latín) de ella.

Además, quiero expresar mi gratitud a Julianne Stanz, directora del Equipo de Misión de Vida Parroquial y Evangelización

Prefacio

de la Diócesis de Green Bay. Conozco a Julianne desde hace años, pero amablemente me dedicó tiempo para hablar sobre esta propuesta de libro. Muchas de las ideas sobre la cultura, las guerras litúrgicas que asolan las diócesis y la necesidad de recursos concretos para acompañar a las parroquias a través de este libro fueron fruto de las conversaciones con Julianne. En la Iglesia actual, ella es una de las más creativas y fieles hacedoras de cultura.

Dedico este libro a dos personas, que han sido influyentes en mi forma de enfocar el misterio eucarístico como algo que conduce a una afiliación más profunda y a la curación del malestar de la polarización endémica en la Iglesia y la sociedad. En primer lugar, al profesor John C. Cavadini, mi primer profesor de teología y ahora mi mentor y jefe en el Instituto McGrath para la vida de la Iglesia. Fue a través de una lectura de *La Ciudad de Dios* de Agustín como estudiante de tercer año en la universidad en su clase que llegué a reconocer cómo podría ser una cultura e historia eucarística. John ha enseñado más que nadie sobre cómo evitar la polarización en la Iglesia, así como sobre la importancia de la devoción a la tarea de la teología, del servicio a la Iglesia concreta de carne y hueso, y de por qué las doctrinas asociadas a la presencia real realmente importan. Fue la primera persona que conocí que unió el amor a la Eucaristía y el amor a los pobres de carne y hueso; hizo posible que adorara el Santísimo Sacramento y que me inspirara la visión de Dorothy Day. Le sigo agradeciendo como mi maestro, mentor y (durante los últimos diez años) colega.

En segundo lugar, dedico este libro al padre Bruce T. Morrill, SJ. Bruce me enseñó que el misterio eucarístico exige un recuerdo de las víctimas, de los que están en los márgenes de nuestra vida social. Este recuerdo nunca puede convertirse en una abstracción, sino que necesita la comunión con los olvidados. Bruce es un sacerdote y un erudito devoto, un mentor que trabajó con estudiantes de posgrado para leer los textos más complejos. No buscaba reproducirse a sí mismo (algo raro en la academia), sino dejar que los estudiantes más conservadores y progresistas por igual florecieran bajo su tutela. El testimonio de Bruce en la celebración de la Misa en comunidades remotas de Alaska y su constante ministerio con los presos captan gran parte de lo que entiendo por solidaridad eucarística. Continúa siendo mi mentor, extendiendo la solidaridad que me ofreció como estudiante de posgrado en el Boston College hasta la mitad de mi carrera.

Todo lo que en este libro facilite una comunión más profunda con el Señor y, por tanto, con nuestro prójimo, es un testimonio de estos dos mentores. Todo lo que haga daño a nuestro Cuerpo eclesial es culpa mía, mi propia culpa, mi más grave culpa. Por ello, pido el perdón y la paciencia del lector. Y un regalo de la comunión eucarística que compartimos es que si puedes discernir una mejor manera de pensar en algo, una mejor manera de moverte por el barrio, entonces esto solo enriquecerá mi sentido de gratitud eucarística. Estoy deseando escuchar lo que ustedes han aprendido, y quizás un día incluso viajar a su parroquia para saborear los frutos de su experiencia. Porque es en *su* parroquia donde se iniciará un avivamiento eucarístico.

1.
¿QUÉ ES LA CULTURA EUCARÍSTICA?

Pocos pensamos en ello, pero las parroquias a las que pertenecemos poseen culturas. Con esto no me refiero exclusivamente a que una parroquia esté formada por católicos afroamericanos, hispanos o alemanes. Esta diversidad forma parte de la cultura de una parroquia, pero no es la única dimensión. La cultura es una visión del mundo que incluye una forma de ver la realidad y de practicar lo que significa ser católico. La cultura nos forma como pueblo.

Podemos suponer que toda parroquia posee una cultura eucarística. Después de todo, ¿cuál es la fuente y la cumbre de la vida de un católico? Es la Eucaristía, el memorial de la Pasión, Muerte y Resurrección de Cristo que celebramos en nuestras iglesias parroquiales todos los días de la semana. Una buena parte de la vida de nuestra parroquia está dedicada a la celebración de la Eucaristía.

Sin embargo, la cultura parroquial es más compleja, y a veces incluso se desvía de la visión eucarística que ofrece el catolicismo. Nuestras parroquias en los Estados Unidos existen dentro de una amplia gama de culturas que pueden no ser hospitalarias con una visión católica del mundo. Por ejemplo, muchos habitantes de los Estados Unidos consideran el culto como un asunto privado. El individuo elige parte de su tiempo libre los domingos para pertenecer a una congregación. Por lo demás, este culto no tiene nada que ver con el resto de su vida.[1] Podemos ser católicos los domingos, pero el resto de la semana podemos ejercer nuestras identidades como ingenieros nucleares, trabajadores de fábricas, científicos, cocineros de comida rápida, profesores, madres y padres. La parroquia puede asumir esta cultura privada, sin pedir nunca que los feligreses integren la fe y la vida. Los feligreses pueden huir como unidades familiares individuales a almorzar después de la Misa, y rara vez llegan a conocer a sus vecinos en el banco de al lado. Después de todo, en este caso, el verdadero propósito de la Misa es la santificación individual (o del núcleo familiar), no la pertenencia a la comunión del Cuerpo de Cristo con todos los creyentes.

He pertenecido a parroquias que pensaban en la Misa de esta manera, como un acto privado de devoción desconectado del resto de nuestras vidas. Al crecer, asistí a una parroquia que tenía una capilla dedicada a la adoración eucarística perpetua. Nos encantaba la Eucaristía. Y, sin embargo, esta parroquia incluyó una vez un anuncio en el boletín que insultaba cruelmente a los feligreses que dependían de los cupones de alimentos para subsistir. Nadie en la parroquia reconoció la incongruencia de la Adoración Eucarística perpetua y la marginación de los hambrientos y sedientos de nuestra parroquia.

Para los católicos, nuestro culto común en la liturgia eucarística no es un asunto privado. Es un acto público en el que todo el

Cuerpo de Cristo se transforma, mediante la ofrenda eucarística, en un sacrificio de amor por la vida del mundo. Lo que hacemos en el altar el domingo es una realidad global, que invita a los católicos a dejar que sus cuerpos de carne y hueso se conviertan en sacrificios vivos o razonables, "santos y agradables a Dios, vuestro culto espiritual" (Rom 12,1). No existe el católico privado. Todo católico es una persona pública, cuya vida da testimonio de la presencia eucarística de nuestro Señor en el mundo.

Por tanto, la cultura eucarística no se generará automáticamente en una parroquia centrada en la devoción individual. Esta cultura eucarística requiere ocasiones de discernimiento común. ¿Ofrecemos a nuestros feligreses una cultura eucarística que integre fe y vida, o proponemos una fe privatizada en nuestro culto dominical? Si se trata de esto último, necesitamos una conversión o renovación de esa cultura.

¿QUÉ ES LA CULTURA?

Como señalé en el prefacio de este libro, existen diversas formas de definir lo que entendemos por *cultura*. La cultura podría referirse nada más que al arte elevado. Nos sentimos "cultos" cuando escuchamos una sinfonía de Mozart o pasamos tiempo contemplando el arte de Picasso. Aunque el arte es importante para la vida humana, este enfoque de la cultura es demasiado escaso para una renovación eucarística de la vida parroquial. Se corre el riesgo de confundir el catolicismo con la religión del esteta que se deleita en las cosas bonitas, en lugar de la religión centrada en el sacrificio del Dios-hombre, Jesucristo.

Del mismo modo, podemos pensar en la cultura exclusivamente como una identidad étnica. El catolicismo, en este caso, está formado por una variedad de culturas. En nuestras parroquias hay católicos mexicanos, vietnamitas y filipinos. El objetivo de la parroquia es incluir todas las identidades étnicas. Queremos destacar sus prácticas, acogiéndolas en la comunidad de la Iglesia.

El problema de este enfoque es que presupone que solo las identidades étnicas no blancas poseen una cultura. Sí, los católicos mexicanos, vietnamitas y filipinos tienen cultura(s) que pueden ser diferentes del catolicismo suburbano practicado en la parroquia católica de Nuestra Señora del Lago. Pero no es cierto que Nuestra Señora del Lago esté ausente de una cultura. De hecho, la posible dificultad que tienen muchos feligreses de Nuestra Señora del Lago para acoger a sus compañeros católicos de México se debe precisamente a la(s) cultura(s) de Nuestra Señora del Lago. Ignorar la forma en que Nuestra Señora del Lago ha enculturado el catolicismo, a menudo de una manera que hace difícil que cualquier otra persona pueda rendir culto allí, excepto los residentes de esa comunidad suburbana, es un modo de parcialidad. La comunidad parroquial presume que "nosotros" poseemos una versión pura y no adulterada del catolicismo, mientras que los inmigrantes de México son los cultos. Los católicos mexicanos son exóticos, mientras que nosotros estamos en la corriente principal. Hacemos un poco de espacio para las prácticas de los católicos mexicanos, pero en la forma en que un turista en un crucero visita un pueblo local. Sí, es bonito ver a la Virgen de Guadalupe en nuestra iglesia una vez al año. Pero el resto del año, ella puede regresar a su capilla lateral porque nuestro santuario no tiene espacio para ella. Usted puede ver los problemas con este enfoque, cómo este tipo de sesgo sería perjudicial para dar la bienvenida a nuestros hermanos y hermanas mexicanos en nuestra parroquia.

Por último, podemos pensar en la cultura exclusivamente como algo negativo. En la literatura de evangelización, oímos hablar de los "católicos culturales" de forma poco halagadora. El católico cultural no cree ni practica fervientemente el catolicismo, apareciendo solo para los días de fiesta (Pascua/Navidad) y otros ritos de paso. Persuadir al católico cultural para que se convierta en un "verdadero" católico es a menudo el objetivo de los programas de evangelización.

Este sentido negativo de la cultura también se emplea con frecuencia en las homilías. El sacerdote habla de las dimensiones nocivas de la cultura y la sociedad: "Vivimos en una cultura de la muerte. Una cultura que no apoya a la familia. Una cultura en la que el cristianismo se convierte en una propuesta hostil frente al liberalismo de la vida moderna". Es cierto que lo que entendemos por una cultura católica es insuficiente para el Evangelio. Asimismo, la cultura contemporánea está, en efecto, a menudo impulsada por la insolidaridad, lo que el Papa Francisco denomina una cultura de usar y tirar, en la que el no nacido, el anciano, el emigrante y el preso son considerados prescindibles. La cultura política de los Estados Unidos no siempre es amigable con los que quieren practicar su fe. Y sí, tenemos que admitir que la secularización es una presión sobre los católicos estadounidenses de hoy. Este realismo es necesario.

Pero la palabra *cultura* también puede utilizarse en un sentido positivo. En el Concilio Vaticano II, la Iglesia definió *la cultura* como indicando:

> todo aquello por lo que el hombre desarrolla y perfecciona sus múltiples cualidades corporales y espirituales; se esfuerza, con sus conocimientos y su trabajo, por someter el mundo mismo a su control. Hace más humana la vida social, tanto en la familia como en la comunidad civil, mediante el perfeccionamiento de las costumbres e instituciones. A lo largo del tiempo, expresa, comunica y conserva en sus obras grandes experiencias y deseos espirituales, para que puedan ser útiles al progreso de muchos, incluso de toda la familia humana.[2]

En este sentido positivo, no existe un católico no cultural. Todo católico es cultural en la medida en que es un ser humano que vive su fe católica en el contexto de la civilización. Como seres humanos, transmitimos la sabiduría de generación en generación a través de doctrinas y prácticas que "transmitimos" (el significado literal de la palabra *tradición*) a los jóvenes.

La familia O'Malley, por ejemplo, posee una cultura relacionada con el fútbol de Notre Dame. Ordenamos nuestros sábados de otoño a los Fighting Irish vistiendo cierta ropa, hablando de los partidos pasados y presentes (incesantemente, si le preguntan a mi cónyuge), yendo de *tail-gating* y escuchando las canciones de lucha de Notre Dame. Sin esta cultura, no habría forma de invitar a nuestros hijos a convertirse en fans de los Fighting Irish. No habría forma de ser los O'Malley.

Este sentido más rico de la cultura es el que adoptará este libro para pensar en la cultura eucarística de una parroquia. En su estudio *Clashing Symbols: Una Introducción a la fe y a la cultura*, el sacerdote y teólogo jesuita Michael Paul Gallagher describe doce características de este sentido más rico de la cultura que serán relevantes para nuestra consideración de la parroquia.[3] En la segunda parte de este capítulo, adaptaré estas doce dimensiones a cuatro principios en conversación con el documento del Papa Benedicto sobre la Eucaristía, *Sacramentum Caritatis (El Sacramento de la Caridad)*.

LOS DOCE RASGOS DE LA CULTURA SEGÚN MICHAEL PAUL GALLAGHER

1. La cultura es una creación humana.

Esto es importante. La cultura no se recibe como parte de la revelación divina. Gracias a la libertad que poseemos como seres humanos para dar forma a nuestra vida en común, podemos cambiar la cultura de Nuestra Señora del Lago de manera que se ajuste más verdaderamente al Evangelio. Si somos inhóspitos con nuestros vecinos o vivimos un catolicismo privatizado, podemos hacer algo al respecto. Gracias al poder del Espíritu que se nos ha dado a cada uno de nosotros, podemos convertirnos en agentes de la renovación cultural.

2. La cultura se nos transmite y, sin embargo, se interpreta de forma diferente en determinadas épocas y zonas del mundo.

Al crecer en el este de Tennessee, asistiendo a una pequeña parroquia en las estribaciones del Parque Nacional de las Grandes Montañas Humeantes, aprendí a ser católico en este contexto. Claro, todos los rudimentos de la cultura católica me fueron transmitidos. Asistía regularmente a la Misa dominical. Me abstenía de comer carne los viernes de Cuaresma y asistía al Vía Crucis de los viernes. Pero mi catolicismo adquirió una forma específica. Escuché historias de los primeros católicos en el condado de Blount, Tennessee, que rendían culto en una iglesia casera. A menudo me recordaban que no éramos más que el 2 por ciento de la población de toda la diócesis. La forma en que vivíamos nuestra vida católica—con la calidez de un evangélico pero con el fervor de alguien cuya religión era a menudo marginada por nuestros vecinos—era integral de la cultura de los practicantes de la Diócesis de Knoxville. Nos encantaba la bendición del Santísimo, el Rosario y muchas prácticas católicas tradicionales precisamente porque nos diferenciaban de nuestros vecinos (y no porque rechazáramos el Concilio Vaticano II, en el que apenas pensábamos). Aunque compartíamos el catolicismo con los feligreses de la archidiócesis de Boston, incluso un no católico reconocería las diferencias entre una parroquia católica de Boston y una de Knoxville.

3. La cultura suele moldear nuestras suposiciones sobre el mundo de manera inconsciente.

Al vivir en Boston de 2006 a 2010, adquirí ciertas formas de ver el mundo que eran bastante diferentes a las de mi eventual hogar en South Bend, Indiana. Cuando iba al supermercado en South Bend, no esperaba que el cajero me preguntara qué iba a hacer el fin de semana. De hecho, debido a mi estancia en Boston, lo veía como una grosera intromisión en mi intimidad. No era correcto ver a mi prójimo con tanta sospecha. Sin embargo, después de vivir en la cultura de Nueva Inglaterra, había llegado a considerar esas preguntas como una forma de intimidad inapropiada para compartir con un extraño. No adopté este punto de vista conscientemente, sino que lo aprendí en el agua (junto con el apoyo a los Patriots y a los Red Sox).

4. La cultura propone toda una forma de vida que me da una identidad dentro de una comunidad de otras personas.

La experiencia de Notre Dame—a la que se refieren a menudo mis estudiantes de grado—es una propuesta global relacionada con la identidad de los estudiantes. Significa ser capaz de hablar sobre en qué dormitorio vives, pensar en el acto de la educación de una manera particular, ir a los partidos de fútbol, elegir cuál de los dos comedores del campus es superior, compadecerse de los inviernos de South Bend, e ir a este o aquel bar local (después de cumplir los veintiún años, por supuesto). Esta cultura global permite a los estudiantes de Notre Dame compartir la solidaridad entre clases. Un graduado de Notre Dame de 1975 comparte una visión del mundo, historias y prácticas en común con un graduado de Notre Dame de 2025.

5. La cultura consiste tanto en cosas como en una forma de interpretar el mundo.

El catolicismo, por ejemplo, es una cultura sacramental. Rendimos culto utilizando la materia. Probablemente sepa que ha encontrado a un católico cuando lleva un escapulario, ayuna el Viernes Santo, se persigna al entrar en una iglesia y hace una genuflexión antes de entrar en su banco. Estas son algunas de las cosas visibles y tangibles del catolicismo. En conjunto, estas cosas nos forman para ver el mundo de manera diferente, para participar en un proceso de interpretación que no se reduce solo a lo tangible. Vemos la creación como reveladora de Dios. Tenemos una visión positiva del cuerpo. Reconocemos los lugares donde Dios se revela en el mundo actual. El uso de los sacramentales en el culto, donde todo el orden creado se emplea en la liturgia, da forma a una imaginación sacramental para los católicos que nos permite ver la creación como reveladora del misterio del amor divino.

6. La cultura debe entenderse en términos de significados o creencias, valores y costumbres o prácticas.

Si uno va a Nueva Orleans durante el Mardi Gras, hay ciertos significados y creencias que se proponen sobre lo que significa ser humano. El ser humano está hecho no solo para el trabajo, sino también para la fiesta. El carnaval pone el mundo al revés, como lo hace el Evangelio. Se proponen formas de comportamiento, valores que podrían parecer fuera de lugar. Si me presentara con abalorios de plástico o llevando un coco y un vaso para llevar del mejor daiquiri de este lado del paraíso en la ciudad de Cleveland, habría una inevitable confusión (y un posible arresto). En Nueva Orleans, durante el Mardi Gras—y, quién lo diría, el resto del año—se proponen normas sobre el comportamiento humano que son exclusivas de esa ciudad. Y estas normas se transmiten a través del ciclo de fiestas y estaciones relacionadas con el Mardi Gras. A partir de la Epifanía se hace un pastel de reyes. Encuentras al bebé en el King Cake, lo que te convierte en el rey o la reina de la fiesta y te encarga llevar el siguiente King Cake a la siguiente fiesta. Empiezas a ir a los desfiles tres semanas antes del comienzo de la Cuaresma. Los significados, la moral y la tradición conforman la cultura del Mardi Gras en Nueva Orleans.

7. La cultura está estrechamente vinculada tanto a las instituciones como a los símbolos.

En el catolicismo, esto se puede ver en la propia persona y en el cargo del papa. La unidad forma parte de la cultura católica. Profesamos la creencia en una sola Iglesia, santa, católica y apostólica. El papa es la manifestación institucional y el símbolo de esta unidad, de una Iglesia que busca llevar a todos los seres humanos al encuentro con Cristo. A través de la unión y el amor al papa—en su función, no porque amemos su personalidad—los católicos experimentamos la unión entre nosotros. Los brazos de la Plaza de San Pedro se abren a la ciudad de Roma y al mundo entero. El arte y la arquitectura del propio Vaticano son un símbolo de la vocación del papa, que aunque reside en Roma busca promover la unidad con el resto del mundo.

8. La cultura está relacionada con las prácticas humanas básicas, que a menudo están llenas de significado.

El padre Gallagher pone el ejemplo de la alimentación. La necesidad de comer es compartida por todos los seres humanos. Sin embargo, comer adquiere diferentes significados a través de las prácticas que realizamos al consumir alimentos. En un banquete de bodas, la gente debe comer, pero en un banquete de bodas hay algo más que la nutrición. Puede haber brindis para agasajar a los novios, los primeros bailes y el corte de un pastel especial. Es a través del acto mundano de comer como se expresa el significado mismo del matrimonio en una cultura. Es un momento augusto, un rito de paso, en el que la pareja pasa a un nuevo estado de vida. Nosotros, la comunidad de sus amigos y familiares, les rodeamos durante este rito de paso.

9. La cultura siempre incluye una dimensión religiosa.

Dado que la cultura tiene algo que ver con los significados últimos, entonces debe tratar eventualmente con lo trascendente, proponiendo un "dios" al que adorar. Por ello, la secularización y la desafiliación en la Iglesia no es realmente una cuestión de ateísmo. Por ejemplo, los que encuentran su máxima realización en el mundo cultural de la política. La elección del líder, el profeta casi mesiánico que viene a unir a la nación, se convierte en el "dios". Hay camisas, sombreros y rituales que llegan a asociarse con este político. Si el político pierde, hay una sensación casi palpable de que su "dios" ha muerto. Pero el ciclo político acaba eligiendo un nuevo dios al que adorar, el advenimiento de un nuevo político que traerá la unidad que deseamos. Incluso la persona más secular, que participa en la cultura política de esta manera, no puede evitar adorar a alguien o a algo.

10. La cultura busca comunicarse a sí misma.

Dado que la cultura busca comunicarse a sí misma, la educación en una cultura suele ser tácita o implícita, más que explícita o declarada. Los católicos de los años 50 no dedicaban mucho tiempo a pensar en lo que significaba transmitir la fe católica a las generaciones futuras. Naturalmente, significaba participar en las fiestas parroquiales, recibir catequesis, ir a Misa y rendir culto en el hogar. Pero cuando hay una época de transición—como la nuestra—la cultura puede no comunicarse tan fácilmente. Hay menos fiestas parroquiales y ya no se considera necesario ir a Misa (ni honrar el sábado) para ser un buen americano. Debido a estos cambios, es probable que tengamos que ser más intencionados a la hora de cultivar una cultura, más intencionados a la hora de comunicar a nuestros compañeros católicos por qué ciertas prácticas son importantes para nosotros.

11. La cultura requiere un discernimiento constante, estando atentos a las formas en que perjudica, en lugar de contribuir, al florecimiento humano.

Hemos abordado la cultura del Mardi Gras en Nueva Orleans. El carnaval es un vuelco, un momento en el que las normas de la vida social se invierten temporalmente durante una temporada festiva. Pero algunas de esas inversiones de las normas no son saludables. El florecimiento de hombres y mujeres no se cultiva bebiendo en exceso, vomitando en las calles de la ciudad o participando en rituales públicos de exhibición para recibir abalorios. Es posible que el Mardi Gras se haya desvinculado de sus raíces cristianas, de su enfoque en la conversión que precede al Miércoles de Ceniza. Sin su fundamento cristiano, el Mardi Gras se convierte en una fiesta masiva en la que la interrupción de la festividad del Miércoles de Ceniza no es más que un parpadeo en el radar. Toda cultura—tanto dentro como fuera de la Iglesia— necesita ser examinada regularmente para detectar este tipo de pecado. Negarse a cuestionar lo que hemos creado, la cultura que hemos fomentado en nuestra parroquia, ciudad o nación, es caer en la trampa de la idolatría. Nos adoramos a nosotros mismos, en lugar de adorar a Dios.

12. La cultura y la religión se necesitan mutuamente.

Sin un fundamento religioso, la cultura se convierte en una celebración de lo que hemos creado. No hay interrupción por parte de Dios, una fuente de sabiduría trascendente que nos impide encerrarnos en nosotros mismos. Un carnaval sin el miércoles de ceniza, la cuaresma y la gloriosa celebración de la resurrección de Cristo se convierte en una fiesta más entre otras fiestas. Sin la interrupción profética del Dios que creó a los seres humanos para la unidad, los miembros de una cultura se cierran a la comunión con los demás.

- Después de leer esta sección sobre la cultura, enumere de cinco a diez rasgos de la cultura de su parroquia.
- Imagina que alguien ajeno a tu comunidad parroquial viniera a Misa. ¿Cómo crees que esa persona describiría la cultura de tu parroquia? ¿Sería esa descripción diferente de las características que has enumerado anteriormente?

¿QUÉ ES UNA CULTURA EUCARÍSTICA?

Estas doce dimensiones de la cultura son los bloques de construcción para entender lo que quiero decir con una cultura eucarística. Pero aún queda trabajo por hacer para adaptar la descripción de la cultura que hace el padre Gallagher al amor oblativo de Jesucristo otorgado en la liturgia eucarística, lo que llamaré una cultura eucarística. El Papa Benedicto XVI escribió un documento que puede ayudarnos en esta adaptación. *Sacramentum Caritatis (El Sacramento de la Caridad)* es la exhortación apostólica escrita después del sínodo (o reunión de obispos) de 2005 sobre la Eucaristía. El documento tiene una estructura que contempla la Eucaristía como un misterio que hay que creer, celebrar y vivir. Por *misterio*, el documento entiende algo que no puede reducirse exclusivamente a la razón humana. La Eucaristía tiene muchas facetas, y cada una de ellas debe ser contemplada si queremos comprender lo mejor posible el amor de Cristo hecho presente en el sacrificio de la Misa.

Además, la exhortación de Benedicto está proponiendo una cultura eucarística para la renovación de la Iglesia. Recordemos que el padre Gallagher describió una cultura como constituida por significados o creencias, valores y costumbres o prácticas. La Eucaristía propone a la Iglesia el sentido último de la vida, que se celebra, se recuerda y se hace presente en la Misa por medio de Jesucristo, y luego nos llama a adoptar una forma común de vida que sea plenamente eucarística. Benedicto XVI lo dice claramente en los primeros párrafos de *Sacramentum Caritatis (El Sacramento de la Caridad)*:

> En el sacramento de la Eucaristía, Jesús nos muestra en particular la *verdad sobre el amor* que es la esencia misma de Dios. Es esta verdad evangélica la que nos interpela a cada uno de nosotros y a todo nuestro ser. Por eso, la Iglesia, que encuentra en la Eucaristía el centro mismo de su vida, se preocupa constantemente de anunciar a todos... que Dios es amor. Precisamente porque Cristo se ha convertido para nosotros en el alimento de la verdad, la Iglesia se

> dirige a cada hombre y a cada mujer, invitándolos a acoger libremente el don de Dios.[4]

Cuando decimos que la Misa es la fuente y la cumbre de la vida cristiana, esto es lo que queremos decir. No es que la Misa sea lo único importante para la evangelización. Más bien, la Iglesia quiere decir que el amor oblativo de Jesucristo dado en la Misa a todos los hombres y mujeres es la razón misma de la existencia de la Iglesia.

Dios es amor. Buscamos invitar a cada persona a esa comunión de amor dada por Cristo Jesús. Nos esforzamos por convertirnos en este amor de Cristo, recibido en la Eucaristía, para la santificación de nuestros barrios, ciudades, estados, nuestra nación y el mundo entero. Anhelamos la afiliación a la Iglesia, no porque los números altos nos hagan quedar bien. Anhelamos la afiliación de todos los hombres y mujeres a la Iglesia porque a través de ella se da el amor de Dios para la vida del mundo. La Misa, por tanto, debe convertirse en parte integrante de la cultura de la parroquia. Todo lo que creemos, todas las prácticas que realizamos, todas las normas que rigen nuestra vida común deben estar impregnadas de la sabiduría del misterio eucarístico del amor. Cuando la parroquia hace esto, todo por el don del Espíritu Santo que infunde nuestra vida común, tenemos una cultura eucarística.

En aras de la simplicidad, intento reducir las doce dimensiones de la cultura del padre Gallagher a cuatro tesis que luego exploraremos más profundamente en diálogo con *Sacramentum Caritatis (El Sacramento de la Caridad)*. En capítulos posteriores del libro, las tesis recibirán una atención más cuidadosa para que la parroquia pueda entrar en un proceso de discernimiento relativo al cultivo de una cultura eucarística.

LAS CUATRO TESIS SOBRE LA CULTURA EUCARÍSTICA

1. La cultura eucarística es una creación humana que, sin embargo, depende enteramente del amor autodonante de Cristo en el misterio eucarístico.

Al principio puede parecer herético decir que la cultura eucarística es una creación humana. Después de todo, la liturgia eucarística no se define exclusivamente por la actividad humana. Más bien, la Misa es ese rito que recuerda y hace presente el amor de Cristo que ha traspasado todas las grietas y hendiduras del cosmos. Como leemos en *Sacramentum Caritatis (El Sacramento de la Caridad)*:

> Al instituir el sacramento de la Eucaristía, Jesús anticipa y hace presente el sacrificio de la Cruz y la victoria de la resurrección. Al mismo tiempo, revela que él mismo es el *verdadero* cordero sacrificado, situando su don en este contexto, Jesús muestra el sentido salvífico de su muerte y resurrección, misterio que renueva la historia y todo el cosmos. La institución de la Eucaristía muestra cómo la muerte de Jesús, con toda su violencia y absurdo, se convirtió en él en un acto supremo de amor y en la liberación definitiva de la humanidad del mal.[5]

¿Qué es la cultura eucarística?

La Misa trata de lo que Cristo ha realizado con su muerte, resurrección y ascensión al cielo. Cristo murió por la salvación del mundo. La muerte es el gran problema que ningún ser humano puede resolver. Solo Dios puede transformar el sinsentido de la muerte mediante un acto de amor que cambia para siempre lo que significa ser humano. Porque Jesucristo es el Dios-hombre, resucitado de entre los muertos, la muerte ya no tiene poder para matar. Solo el amor, el amor divino revelado en la Cruz, es la fuente exclusiva de credibilidad.

En la Misa se recuerda y se celebra todo el misterio pascual: la vida, la muerte, la resurrección y la ascensión de Cristo. La Iglesia surge de esta Misa eucarística, del amor de Cristo que se entrega y que reúne a todos los hombres y mujeres en este acto de culto común. A pesar de lo que se suele decir, la liturgia no es obra del pueblo. Es la obra de Dios sobre el pueblo, que nos lleva a una comunión de amor que nosotros mismos nunca podríamos crear. La liturgia es un don.

Sin embargo, el ser humano no queda al margen de esta transformación. El ser humano tiene un papel que desempeñar, porque el don que Jesús hace en su presencia en el Santísimo Sacramento está destinado a ser recibido por los simples mortales. El don de Cristo sobre el altar nos invita a ofrecer ese mismo don de amor a cambio. Al fin y al cabo, son el pan y el vino—símbolos de la creación—los que se transforman en el Cuerpo y la Sangre de Cristo. Benedicto XVI señala que esta transformación es un proceso, y nosotros tenemos un papel que desempeñar en él. Nos damos a nosotros mismos en respuesta al Dios que se ha dado a sí mismo con un amor total. Y la forma misma de la historia, del tiempo y del espacio, cambia gracias al amor de Jesús que se sigue ofreciendo en cada altar del mundo. Todo lo que es humano debe convertirse en divino.

> "La Eucaristía nos introduce en el acto de abnegación de Jesús. Más que recibir estáticamente al Logos encarnado, entramos en la dinámica misma de su entrega". Jesús "nos atrae a sí mismo". La conversión sustancial del pan y el vino en su cuerpo y su sangre introduce en la creación el principio de un cambio radical, una especie de "fisión nuclear"... que penetra en el corazón de todo el ser, un cambio destinado a desencadenar un proceso que transforme la realidad, un proceso que conduzca, en última instancia, a la transfiguración del mundo entero, hasta el punto de que Dios sea todo en todos (cf. 1 Cor. 15,28).[6]

Por tanto, quizá no sea tan herético decir que la cultura eucarística de una parroquia es una creación humana. Es una creación humana impregnada del don del amor divino, ordenada hacia Cristo mismo. No es un proyecto personal, individual o colectivo de los seres humanos al margen de Dios. Es más bien lo que los católicos orientales llaman *sinergia*: nuestra voluntad y la voluntad de Dios trabajando juntas a través del don del Espíritu.

Pero debemos recordar que solo porque la cultura de una parroquia es una creación humana, puede no ser siempre eucarística. El hecho de que organicemos festivales, tengamos un sólido programa de administración, hayamos leído lo último en libros sobre estrategia pastoral y realicemos una adoración eucarística perpetua, no significa que poseamos una cultura eucarística. El corazón de una cultura eucarística—incluso la creada por una parroquia—es la reverencia. Reverencia significa poner el amor de Cristo en el centro de todo lo que hacemos. Esta reverencia se aprende ante todo en la Misa, como veremos en el próximo capítulo.

Y eso significa que el cultivo de una cultura eucarística comienza con la conversión de la parroquia para que el sacrificio de amor de Cristo sea el centro de nuestra identidad. Debemos hacer preguntas difíciles sobre la cultura implícita de nuestra parroquia, como las siguientes:

- ¿Las fiestas que celebramos apuntan a Cristo, o son simplemente una forma de escapar del mundo cotidiano?
- ¿Se siente la gente bienvenida en nuestra parroquia, o se le recibe como si fuera un obstáculo para nuestro encuentro eucarístico privado que esperamos disfrutar nosotros solos?
- ¿Hablamos más de política eclesiástica en nuestra parroquia que del amor de Cristo hecho presente en el misterio eucarístico?
- ¿Son nuestras Misas ocasiones reverentes de encuentro con Cristo, o se centran más en mostrar lo notables que somos como comunidad de fe?
- ¿Está la Misa en nuestra parroquia infectada por las guerras litúrgicas que operan en la Iglesia hoy en día?

Son preguntas difíciles, pero este tipo de examen de conciencia colectivo es el principio de la conversión.

2. Una cultura eucarística es también una visión del mundo, que configura nuestra manera de abordar toda la realidad.

El Papa Benedicto XVI señala que éste es el verdadero significado de la participación activa en la Misa. La participación activa no significa solo que hagamos muchas cosas durante la Misa: cantar con el corazón, ser voluntarios para los lectores y ujieres. Significa que la Eucaristía modela nuestra visión del mundo. Como escribe Benedicto XVI, "la participación activa que pide el Concilio [Vaticano II] debe entenderse en términos más sustanciales, a partir de una mayor conciencia del misterio que se celebra y de su relación con la vida cotidiana".[7]

La cultura de la participación activa no se transmitirá por sí sola en esta época de cambio cultural, como hemos aprendido del padre Gallagher. No podemos suponer que los católicos serán simplemente católicos, que participarán activamente en la vida de la Iglesia, porque van a Misa todos los domingos (o más probablemente, a medida que aumenta la desafiliación, una vez al mes). Se requerirá, en cambio, una formación explícita, un enfoque de la catequesis que sea integralmente eucarístico.

Aquí tenemos mucho que aprender. La catequesis en muchas de nuestras parroquias es simplemente demasiado escasa para apoyar esta cultura eucarística. La catequesis eucarística se reduce a menudo a la explicación de las doctrinas de la presencia real y de la transubstanciación. Esta explicación de estas doctrinas es parte de lo que debemos hacer, pero no lo es todo. El actual *Directorio para la catequesis* señala que la catequesis tiene cinco tareas:

- transmitiendo el conocimiento de la fe,
- iniciar a hombres y mujeres a celebrar el misterio de Cristo en la liturgia,
- sintonizar el corazón de cada católico para imitar a Cristo en todas las dimensiones de la vida,
- educar al creyente para una vida de oración, y
- fomentar una espiritualidad de comunión en la comunidad parroquial.[8]

Una parroquia con cultura eucarística se compromete a fomentar la devoción al Santísimo Sacramento y el estilo de vida eucarístico a través de cada una de estas tareas. En primer lugar, hay que desplegar el misterio eucarístico a través de la Escritura y de la doctrina, proponiendo a los hombres y mujeres (sobre todo a los adultos) el don del amor puesto a su disposición en el altar. En segundo lugar, debemos infundir en los hombres y mujeres disposiciones eucarísticas para el culto, un espíritu de reverencia, de acción de gracias, de alabanza y de lamentación que permita a toda la parroquia participar más profundamente en el sacrificio eucarístico de la Misa. En tercer lugar, debemos reconocer el modo en que la vida moral es, de hecho, un misterio eucarístico en primer lugar, una respuesta de amor por parte de los hombres y mujeres al don que hemos recibido primero en el altar. En cuarto lugar, debemos ver la oración como una extensión de la gratitud eucarística, con toda nuestra memoria, entendimiento y deseo participando en el misterio de la vida a través de cada momento de cada día. En quinto lugar, debemos alimentar nuestro amor por la comunidad cristiana, reconociendo que este amor es en sí mismo eucarístico. Amamos a nuestro prójimo, a nuestro feligrés, porque Cristo nos ha llamado a convertirnos en un misterio vivo del amor divino en el mundo.

La catequesis eucarística hace explícita la visión del mundo, así como todas las prácticas y tradiciones, que requiere una cultura eucarística. Cultiva esta cosmovisión en el contexto de acompañar a los hombres y mujeres a lo largo de su vida para que adopten una postura eucarística ante el mundo. Es gradual y lenta, no es el tipo de catequesis que se realiza en el transcurso de seis semanas o durante la infancia. Solo a través de esta lenta catequesis eucarística,[9] construyendo una cultura a lo largo del tiempo, podemos fomentar el tipo de participación activa en la Misa que lleva a la transformación del cosmos en un espacio de amor. Una consecuencia de este lento proceso es que la catequesis eucarística en la parroquia debe ordenarse no solo a ayudar a los niños a recibir la Primera Comunión, sino a orientar la vocación eucarística de todo adulto a consagrar el mundo a Jesucristo.

3. Una cultura eucarística se interesa por todas las dimensiones de lo que significa ser humano.

Recordemos que el padre Gallagher señalaba que la cultura tenía que ver tanto con la práctica como con el significado. Una cultura se vive a través de las actividades humanas más mundanas, que llegan a adquirir un nuevo significado a través de la iniciación en esa cultura. Cuando Benedicto XVI habla de la Eucaristía como un misterio que hay que vivir, esto es lo que quiere decir. Escribe:

> El nuevo culto del cristianismo incluye y transfigura todos los aspectos de la vida. Los cristianos, en todas sus acciones, están llamados a ofrecer un verdadero

culto a Dios. Aquí comienza a tomar forma la naturaleza intrínsecamente eucarística de la vida cristiana. La Eucaristía, al abarcar la existencia concreta y cotidiana del creyente, hace posible, día a día, la transfiguración progresiva de todos los llamados por la gracia a reflejar la imagen del Hijo de Dios (cf. Rm. 8,29ss). No hay nada auténticamente humano—nuestros pensamientos y afectos, nuestras palabras y obras— que no encuentre en el sacramento de la Eucaristía la forma que necesita para ser vivido plenamente. Aquí podemos ver todo el alcance humano de la novedad radical que trajo Cristo en la Eucaristía: el culto a Dios en nuestra vida no puede quedar relegado a algo privado e individual, sino que tiende, por su naturaleza, a impregnar todos los aspectos de nuestra existencia. El culto agradable a Dios se convierte así en una nueva forma de vivir toda nuestra vida, cada momento particular de la cual es elevado, ya que se vive como parte de la relación con Cristo y como una ofrenda a Dios. La gloria de Dios es el hombre vivo (cf. 1 Co 10,31). Y la vida del hombre es la visión de Dios.[10]

La lectura de este pasaje, bastante largo, debería funcionar como una medicina para nuestras parroquias. La Eucaristía no es una actividad privada de un ciudadano, que en su tiempo libre acude a la Misa. Participar del Cuerpo y la Sangre de Cristo es comprometerse a convertirse en lo que se recibe: un sacrificio de amor de entrega por la vida del mundo. Este "llegar a ser" no significa que debamos escapar del mundo, para desarrollar una agradable comunidad sectaria de creyentes al margen del hoi polloi. El catolicismo no es una huida de la condición humana, sino una transfiguración. Como católico, mi gloria es contemplar con asombro a Dios y, a través de esta mirada, hacerme más humano. Plenamente humano. Para lo que Dios me creó ser: una criatura eucarística.

Todo lo que es humano debe ser asumido en la Eucaristía, transformado en amor. Una cultura eucarística está marcada por aquellos que ven su trabajo como parte de su vocación eucarística. Se hace presente en las devociones eucarísticas que se extienden fuera de los muros de la parroquia hacia el mundo. Se manifiesta en los hogares de los bautizados—tanto de los solteros como de las familias—que se dedican al misterio eucarístico del amor en el contexto de la vida cotidiana.

Una parroquia con cultura eucarística cultiva intencionadamente un humanismo eucarístico. Invitamos a los hombres y mujeres a dejar que su imaginación se transforme, a ver cómo su vida cotidiana es un eco del misterio eucarístico. La coherencia eucarística, en este caso, no está reservada exclusivamente a los políticos. Cada católico y cada parroquia deben ser coherentes desde el punto de vista eucarístico. Lo que somos, lo que hacemos, encuentra su fuente en el Santísimo Sacramento.

4. La cultura eucarística se refiere no solo a las personas de la parroquia, sino al barrio, a la ciudad y a la nación.

Como escribe Benedicto XVI en *Sacramentum Caritatis (El Sacramento de la Caridad)*, "el culto agradable a Dios no puede ser nunca un asunto puramente privado, sin consecuencias para nuestra relación con los demás: exige un testimonio público de nuestra fe".[11] El amor a Dios que recibimos en el Santísimo Sacramento debe llevarnos a amar al prójimo. La cultura eucarística está marcada por un espíritu de solidaridad, de comunión con el prójimo. Pero la solidaridad no es una vaga sensación de "¡te siento, hermano!". La solidaridad es la práctica cultivada de dejar que las preocupaciones de mi prójimo, sus alegrías y sufrimientos, formen parte de las mías.

Por ello, la celebración de una cultura eucarística tiene siempre consecuencias públicas. Las parroquias deben reconocerlo. Defender la dignidad de cada persona no es una dimensión opcional de la vida católica, algo que hacemos si nos interesa. Si hay racismo en nuestros barrios, si las mujeres embarazadas no reciben suficiente apoyo, y si hay un daño ecológico masivo en la ciudad, entonces el propio barrio tiene que formar parte del avivamiento eucarístico. La parroquia no es, después de todo, un edificio. Es un límite geográfico en el que cada ser humano de esa parroquia debe conocer su dignidad eucarística. De este modo, la Eucaristía es siempre un sacramento político, no en un sentido partidista, sino en uno sano y solidario. La Eucaristía debe contribuir al florecimiento de toda la *polis* o ciudad.

Estas dos últimas dimensiones de la cultura eucarística de una parroquia apuntan a la razón última para cultivar este tipo de cultura en una parroquia. El objetivo es la renovación de todas las culturas, para crear espacios de amor sacrificado en el mundo. Los miembros de las parroquias católicas no son solo consumidores de la Eucaristía, disfrutando de experiencias espirituales privadas.

Somos creadores de cultura, habitando en comunidades, que están llamadas a fomentar un mundo cada vez más eucarístico.

- Vuelve a mirar la lista que hiciste en la página 7 de las distintas características que definen la cultura de tu parroquia.
- ¿Ves los cuatro aspectos de una cultura eucarística en tu parroquia? ¿Hay áreas en las que su parroquia requiere una conversión para fomentar una nueva cultura?

CONCLUSIÓN

En este capítulo, he esbozado cuatro facetas de la cultura eucarística en diálogo con el *Sacramentum Caritatis (El Sacramento de la Caridad)* del Papa Benedicto XVI. Pero articular esta cultura es solo la primera parte del inicio de un proceso de discernimiento. Atender cuidadosamente a estas cuatro dimensiones de la cultura eucarística, invitando al mismo tiempo a las parroquias a emprender un proceso de discernimiento eucarístico, es el objetivo de este libro. Los capítulos restantes hablarán un poco más de cada faceta de esta cultura, sugiriendo formas para que las parroquias emprendan un proceso de autoexamen con el fin de fomentar esta cultura eucarística en la parroquia.

2.
UNA CULTURA DE LA REVERENCIA EUCARÍSTICA

Puede parecer contrario a la intuición decir que una cultura eucarística—que cultiva la unidad de la Iglesia y la *polis* o ciudad—debe empezar por la reverencia. Después de todo, la palabra *reverencia* se emplea a menudo en el contexto de las guerras litúrgicas de medio siglo que tan a menudo dominan la vida de la Iglesia.

Ciertamente comprendo este temor. Desde 2010, he sido director académico del Centro de Liturgia de Notre Dame. En esta función, he visto las consecuencias de las guerras litúrgicas en las parroquias y diócesis de todo Estados Unidos y más allá. En reuniones nacionales, he escuchado a destacados líderes litúrgicos burlarse de los jóvenes seminaristas tradicionales que son rígidos y supuestamente solo se preocupan por el uso de sotanas y la celebración de la Misa en latín. El resurgimiento de prácticas como la adoración eucarística y la bendición del Santísimo Sacramento es visto con recelo por muchos liturgistas profesionales que ven estas prácticas como un retorno a la vida devocional preconciliar. Por otro lado, recibo con frecuencia correos electrónicos de autoidentificados tradicionalistas que me dicen que es el *Novus Ordo* (es decir, la Misa reformada del Concilio Vaticano II) el origen de toda decadencia eclesial y social. La *irreverencia* de la "Nueva Misa" y todos esos liturgistas liberales son el problema.

Pero demos un paso atrás en los conflictos litúrgicos desde el Vaticano II y atendamos al significado de la reverencia. En latín, la palabra *reverencia* puede traducirse como *religio* o *veneratio*. La palabra *religión* no significa simplemente un sistema coherente de creencias, sino una postura de asombro o maravilla ante Dios. El acto religioso comienza con una adoración reverente y llena de asombro hacia Dios. Dios está en el centro de lo que hacemos, no nosotros.

En el catolicismo, la reverencia reconoce que lo que hacemos en el acto litúrgico es real. En contraste con la religión del esteta—alguien que simplemente disfruta de la experiencia del culto porque es bello—la reverencia tiene que ver con el asunto mortalmente serio de la salvación. Es la adoración real de Dios la que hace posible la santificación de los hombres y mujeres. Sí, esa adoración es a menudo agradable y hermosa. Pero también es seria porque está en juego la salvación de los hombres y mujeres.

El teólogo católico Romano Guardini habla de la belleza y a la vez de la seriedad mortal de la reverencia litúrgica en su obra El *espíritu de la liturgia*. Escribe:

> La Iglesia no ha construido el *Opus Dei* por el placer de formar bellos símbolos, lenguaje selecto y gestos elegantes y majestuosos, sino que lo ha hecho—en la medida en que no está completamente dedicado

> al culto de Dios—por nuestra desesperada necesidad
> espiritual. Se trata de dar expresión a los acontec-
> imientos de la vida interior del cristiano: la asimil-
> ación, por medio del Espíritu Santo, de la vida de la
> criatura a la vida de Dios en Cristo; el renacimiento
> real y genuino de la criatura a una nueva existencia;
> el desarrollo y el alimento de su vida, su extensión
> desde Dios en el Santísimo Sacramento y los medios
> de gracia, hacia Dios en la oración y el sacrificio; y
> todo esto en la continua renovación mística de la vida
> de Cristo en el curso del año eclesiástico. El cum-
> plimiento de todos estos procesos mediante las for-
> mas establecidas de lenguaje, gestos e instrumentos,
> su revelación, enseñanza, realización y aceptación por
> parte de los fieles, constituyen en conjunto la liturgia.
> Vemos, pues, que ésta se ocupa principalmente de la
> realidad, del acercamiento de una criatura real a un
> Dios real, y del asunto profundamente real y serio
> de la redención.[1]

La liturgia no es una representación ni el desarrollo de un deleite desinteresado en los símbolos de la cultura católica. Cuando las mujeres y los hombres se acercan a la liturgia, nuestras vidas se transforman. Estamos aprendiendo a vivir una nueva vida en Cristo. Nada de lo que tenemos puede ser entendido o vivido aparte de Jesús.

Reconocer la "realidad" del culto como un encuentro con el Dios trino es la reverencia. Reverencia significa que todo lo que hacemos en el acto de culto apunta a la realidad de Dios y no a nuestras propias ideas de superación. En este sentido, hay todo tipo de formas en que la celebración de la Eucaristía en una parroquia puede ser irreverente. Una parroquia que celebra la liturgia reformada del Concilio Vaticano II puede ser irreverente. La parroquia podría incluir un celebrante que grite las diversas oraciones como si estuviera leyendo una guía telefónica en medio de Times Square. Un cantor podría desbordar toda la atención sobre sí mismo: "Mírenme; acabo de cantar 'Oh Santa Noche'". La arquitectura de una parroquia podría parecerse más a un centro comercial que al lugar donde se desarrolla el serio asunto de la salvación.

Pero incluso una liturgia supuestamente "reverente" puede volverse irreverente. He asistido a liturgias celebradas según el *Misal* de 1962 (lo que antes del reciente *motu proprio* del Papa Francisco se llamaba la "Forma Extraordinaria" o coloquialmente la "Misa en Latín"). Mientras los ministros salían del santuario, todo el mundo sacaba sus teléfonos inteligentes para hacer una foto de la procesión. En este momento, el acto de culto se convirtió en el regocijo de la comunidad reunida en el valor de Instagram de una Misa Pontificia Solemne en lugar de su gratitud por el Señor Eucarístico.

Una cultura eucarística en una parroquia debe estar marcada por una reverencia que sitúe a Dios en el centro del acto de culto. En una parroquia eucarística, durante la Misa, estamos ofreciendo nuestras vidas como un sacrificio de amor al Dios trino que creó, redime y reúne a todos los hombres y mujeres en una comunión de amor que supera toda comprensión.

Este enfoque de la reverencia significa que la inculturación de varias tradiciones es una posibilidad. En mis tiempos de estudiante de posgrado en Boston, nuestra liturgia semanal en el Boston College incluía a veces procesiones extraídas del Rito del Zaire. El Rito del Zaire es una adaptación del Rito Romano de la Misa, aprobado en 1988, para su celebración. En nuestra Misa de los miércoles, un católico africano entraba en procesión con el Libro de los Evangelios, entronizándolo en el contexto de una danza que llamaba nuestra atención sobre la belleza del libro. Ahora bien, esta danza no era como la que podríamos encontrar en un club local o incluso en una sala de ballet. Se utilizaba para llamar la atención sobre la presencia de nuestro Señor Jesucristo, que habla en el Evangelio. La danza era un acto de reverencia porque la práctica corporal se centraba en Dios y no en nosotros o en el bailarín.

El Rito Romano de la Misa permite esta diversidad. Se pueden cantar himnos en lugar de los cantos que figuran en el *Misal Romano.* Estos himnos reflejarán probablemente las identidades culturales de las comunidades de fieles. La arquitectura del edificio puede adoptar diferentes formas según la ubicación. Una iglesia parroquial en San Antonio puede inspirarse en las misiones, por ejemplo, mientras que la Basílica de la Universidad de Notre Dame está construida con ladrillos de los lagos del campus. El idioma de los ritos puede ser diferente, permitiendo la celebración en vietnamita, español, inglés, polaco y muchas otras lenguas.

Pero existe el peligro de que esta inculturación se centre en nosotros y no en Dios. La auténtica inculturación depende siempre de la reverencia, de la sensación de que nos encontramos con un Dios real que quiere cambiar nuestras vidas de forma genuina en la liturgia eucarística. La liturgia no puede cambiarse porque queramos ser creativos. Los ritos de la Iglesia son la fuente de nuestra cultura eucarística común. El lenguaje de las Plegarias Eucarísticas debe formar a todos los católicos en el pensamiento de la Eucaristía como un sacrificio de amor que lleva a los hombres y mujeres a la Comunión de los Santos a través de la presencia real de Jesucristo que habita entre nosotros. La reverencia significa que nos entregamos al lenguaje de los ritos, dejándonos moldear por la cultura común de toda la Iglesia y no por las ideologías privadas del sacerdote o de la parroquia local.

Pero, ¿cómo sabemos si celebramos la liturgia de forma enculturada, aunque reverente, en nuestras parroquias? Las parroquias poseen una cultura eucarística de reverencia cuando contrarrestamos la banalidad mediante

- recordando por qué nos reunimos en primer lugar,
- orar en lugar de leer o decir partes de la Misa,
- dejando espacio para la contemplación y el silencio durante la liturgia eucarística,
- comprender la importancia del cuerpo en el culto, y
- permitiendo que la devoción eucarística impregne la vida parroquial.

Después de leer más sobre cada una de estas cinco dimensiones de la reverencia eucarística enculturada a través de lo que sigue en este capítulo, estará listo para descargar del sitio web del Instituto McGrath los recursos que le ayudarán a evaluar la reverencia de las liturgias de su parroquia, preferiblemente en el contexto de un retiro eucarístico.

LA BANALIDAD LITÚRGICA Y EL KERIGMA

La Misa no puede celebrarse de forma banal si quiere ser reverente. *Banalidad* es una palabra que significa que algo es poco original o excesivamente común. Lo verdaderamente banal es aburrido, no vale la pena prestarle atención en primer lugar. Un discurso banal, por ejemplo, puede ser uno lleno de clichés. Nos dice algo que ya conocemos de una manera que no atrae nuestra atención. Los entrenadores en las ruedas de prensa suelen hablar con banalidades. "Ha ganado el mejor equipo". "Estoy muy impresionado con la actuación de nuestros chicos". "Esto va a ser muy duro".

La gente encuentra la Misa aburrida cuando se celebra de forma banal, como si lo que estamos haciendo fuera totalmente inédito o sin importancia. En la liturgia eucarística, nos encontramos con el amor total de la Palabra hecha carne. Dios habita entre nosotros en las Escrituras, en la asamblea y, sobre todo, en la presencia eucarística de nuestro Señor. Una liturgia banal bosteza ante este hecho, sin reconocer del todo el significado de lo que ocurre en la liturgia.

La banalidad litúrgica debe ser curada a través de un recuerdo de lo que estamos haciendo en la liturgia. El Papa Francisco ha hablado a menudo de una vuelta al primer anuncio o al *kerigma* (palabra griega que significa "proclamación") como algo esencial para la tarea de evangelización. En *Evangelii Gaudium (La alegría del Evangelio)*, escribe:

> En los labios del catequista debe resonar una y otra vez el primer anuncio: "Jesucristo te ama; dio su vida para salvarte; y ahora vive a tu lado cada día para iluminarte, fortalecerte y liberarte". Este primer anuncio se llama "primero" no porque exista al principio y pueda ser luego formalizado o sustituido por otras cosas más importantes. Es primero en un sentido cualitativo porque es el anuncio principal, el que debemos escuchar una y otra vez de diferentes maneras.[2]

Fijaos en lo que dice el Santo Padre: el primer anuncio lo es todo para el católico. Es el hecho de que Jesucristo es el Hijo del Padre, que se entregó por la vida del mundo. Aquí y ahora, Jesucristo como Señor resucitado está presente para mí. Pase lo que pase, Jesús está ahí para acompañarme. Esta es la fuente de la alegría del cristiano: mi vida tiene sentido gracias a Jesús.

La banalidad litúrgica es un olvido de que lo que celebramos en la Misa es la presencia de Jesucristo para nosotros aquí y ahora. A través de la Misa, nos encontramos con la Vida, Muerte, Resurrección y Ascensión de Jesús en este tiempo y espacio. No nos limitamos a leer un guión. No estamos cumpliendo con la obligación de la Misa dominical como clero o fieles laicos. El Señor de la historia viene a habitar entre nosotros en nuestra comunión como miembros de la Iglesia, curando nuestras heridas y llevándonos a una relación más profunda con el Padre a través del poder del Espíritu Santo.

Las liturgias se vuelven banales cuando olvidamos lo que Dios está haciendo por nosotros en el acto de adoración, cuando olvidamos la historia que importa. Jesucristo ha muerto, ha resucitado, ha ascendido y ahora busca llevarnos a la derecha del Padre. Cada palabra y cada gesto de la Misa tienen por objeto llevarnos a una unión más profunda con Jesucristo, que ha venido a salvarme, a salvarte, a salvarnos.

Por eso, evitar la banalidad litúrgica empieza por reencontrar el *kerigma*. ¿Es mi parroquia suficientemente consciente (o deseosa) de un encuentro con Jesucristo? Si la parroquia no lo está, ninguna declaración de misión o consultores pastorales será de ayuda. Debemos tomarnos en serio lo que está en juego, la salvación de los hombres y mujeres, doblando la rodilla ante nuestro Señor Eucarístico.

Esto requiere una conversión de la Iglesia. La Iglesia no es una entidad burocrática ni una sociedad democrática de personas que casualmente creen en lo mismo. Somos los convocados por una historia de un amor indescriptible, una comunidad de memoria que presenta al mundo el amor de Dios hecho carne en Jesucristo. En la práctica, la conversión hacia el *kerigma* en la parroquia puede empezar simplemente reflexionando sobre el nombre de su iglesia. Los nombres de las parroquias significan algo. Julianne Stanz, que trabaja en la Diócesis de Green Bay, me ha dicho que a menudo se pregunta por qué las parroquias no prestan más atención a su patrón parroquial antes de trabajar para componer una nueva declaración de misión. El patrón parroquial de una Iglesia es un recordatorio profético para la parroquia de que nuestra historia está conectada con la historia más amplia del amor divino revelado en Jesucristo. Somos comunidades basadas en la proclamación de Jesucristo. No podemos olvidarlo.

ORAR, NO HABLAR

Hay muchas maneras de comunicar la importancia de nuestra relación con Jesucristo, de mostrar a todos los que atraviesan las puertas de nuestra parroquia que Jesús es la razón de nuestra reunión. Orar en lugar de decir las palabras de la liturgia es una de esas maneras.

Todos conocemos la diferencia entre un sacerdote que ora la Plegaria Eucarística y otro que lee el texto como si fuera un locutor en un partido de béisbol. El primero está hablando al Padre a través del Hijo por medio del Espíritu Santo en lugar de leer a la asamblea reunida. Ha contemplado las oraciones antes de comenzar la Misa en lugar de abrir el libro minutos antes de que comience la liturgia. Ha dedicado tiempo antes de la Misa, no simplemente corriendo, sino preparándose para celebrar la Misa, silenciando sus pensamientos internos para poder ofrecer esta oración a la asamblea reunida.

La liturgia reformada del Concilio Vaticano II, al hacer públicas tantas oraciones, exigió al sacerdote más que nunca. El *Misal Romano*—el libro oficial de oraciones de la Iglesia—sabe lo difícil que es para el sacerdote orar este texto. Por eso, el *Misal* anima al sacerdote a cantar las oraciones de la Misa. Al cantar la Plegaria Eucarística, el sacerdote debe ir más despacio, atendiendo a cada una de las palabras del texto. El vínculo entre el canto y la palabra en el canto es importante para muchas tradiciones religiosas y no solo para el catolicismo. El canto es una forma elevada de hablar, que atrae nuestra atención a lo que estamos diciendo a Dios.

Otra forma en la que el sacerdote ora en lugar de pronunciar textos es atendiendo a su postura corporal en la oración. Algunos sacerdotes han desarrollado malos hábitos al presidir. Juguetean con las manos cuando están sentados. Cambian constantemente de pie, se balancean, o se mueven, sin quedarse nunca quietos. No dejan de mirar el reloj durante la Misa o bromean con los monaguillos en lugar de prestar atención al Evangelio. Estos gestos, a menudo involuntarios, nos alejan de la oración, banalizando la liturgia tanto para los fieles bautizados como para el sacerdote ordenado. Nada de esto significa que el sacerdote deba ser estirado o sin alegría. Pero al mismo tiempo, está ofreciendo el sacrificio de la Misa, no asistiendo a un partido de béisbol con un grupo de sus amigos.

Aquí hay que decir algo sobre la dirección en la que mira el sacerdote durante la Plegaria Eucarística. En los últimos quince años, esto se ha convertido en una controversia. Durante gran parte de la historia de la Iglesia, el sacerdote ha orado la Plegaria Eucarística hacia el este litúrgico.[3] Esta postura, llamada *ad orientem* o "hacia el este", todavía puede verse en las iglesias católicas orientales. La dirección oriental de esta oración es importante. Los católicos, a lo largo del tiempo, han entendido el este como la dirección en la que Cristo regresaría. Volverse hacia el oriente litúrgico (aunque sea la parte occidental de una Iglesia) dirige nuestra atención hacia el advenimiento de Jesucristo.

Muchas veces, esta postura se interpreta incorrectamente como que el sacerdote da la espalda al pueblo. Especialmente después de las reformas del Vaticano II—en las que la Plegaria Eucarística se ora en voz alta—esto es un malentendido. En esta postura, tanto el sacerdote como el pueblo se vuelven hacia el oriente litúrgico, dirigiéndose al Padre a través del Hijo, en la unidad del Espíritu Santo. Tanto el sacerdote como el pueblo adoptan la misma postura en la oración, dirigiéndose juntos a Dios.

Desde el Concilio Vaticano II, se ha convertido en norma en la mayoría de las parroquias que el sacerdote ore la Plegaria Eucarística *versus populum* o "hacia el pueblo". Al igual que la oración *ad orientem*, aquí hay sabiduría si la postura se entiende correctamente. La postura hacia el pueblo no es solo un gesto que expresa la familiaridad del sacerdote con el pueblo. No se trata de una recreación pobre de la Última Cena. Por el contrario, tanto el sacerdote como el pueblo contemplan el altar donde Jesucristo se hace presente en los elementos eucarísticos. El culto *versus populum* recuerda al libro del Apocalipsis en el que los santos miran juntos al Cordero una vez inmolado.

En los ritos reformados de la Iglesia, ambas posturas son posibles y pueden llevarnos más profundamente a la oración. He asistido a Misas en salas de reuniones de hoteles, donde espacios ausentes de toda sacralidad evidente se transformaron en el momento en que el padre Joshua Johnson—sacerdote católico de la Diócesis de Baton Rouge—se volvió hacia el este litúrgico. También he asistido a la Misa en mi parroquia, San Pío X, y he visto cómo los ojos de monseñor Bill Schooler y de toda la asamblea se dirigen con asombro a la hostia elevada para que todos la contemplen. El crucifijo en el altar es contemplado por Monseñor Schooler durante toda la Plegaria Eucarística. No levanta la vista cada treinta segundos para mirarnos, como si esperáramos su contacto visual para asegurarnos de que nos reconoce. Estamos orando todos juntos.

Los sacerdotes no son los únicos que pronuncian palabras durante la liturgia. Los lectores de las parroquias también son invitados a orar. Esto puede sorprendernos. El requisito mínimo para ser lector en la mayoría de las parroquias es la capacidad de leer un texto y el libro de trabajo del *Leccionario* que lo acompaña (para asegurarse de que pronunciamos las palabras correctamente). He asistido a numerosas formaciones de lectores en parroquias en las que casi todo el énfasis se pone en la elaboración con el Libro de los Evangelios y en aprender a trabajar con el micrófono en el ambón. Pero, al igual que el sacerdote, el lector está llamado a orar las escrituras más que a leerlas. Un buen lector debe comenzar su preparación saboreando los textos del *Leccionario* dominical. Si el lector ama el texto que está leyendo, el texto será proclamado de manera que manifieste este amor a todos los reunidos.

Lo mismo ocurre con los ministros extraordinarios de la Sagrada Comunión. Este ministerio no puede reducirse a situarse en el lugar adecuado y desarrollar la técnica correcta para colocar la hostia en las manos del comulgante. Cuando el ministro extraordinario de la Sagrada Comunión sostiene al Señor Eucarístico y proclama: "El Cuerpo de Cristo", el ministro debería estar orando. Este es el Cuerpo de Cristo, la presencia de Jesucristo que habita entre nosotros. Él quiere entregarse a ti. Quiere entregarse a mí. Qué maravilloso misterio para contemplar y deleitarse. Si el ministro extraordinario no se deleita en este misterio, la proclamación de la hostia como Cuerpo de Cristo resultará banal. Será lo que decimos cuando repartimos la Comunión, nada más. "Amén". Bostezo.

Por supuesto, toda la asamblea está involucrada en el rezo de la Misa y no solo los ordenados y otros ministros. Todos los fieles necesitan formación para orar las palabras de la santa Misa, para que nuestro "Amén" suene de verdad y no funcione como un discurso pro forma. Esta formación integral se abordará en el siguiente capítulo. Pero si el sacerdote y los ministros de la liturgia oran la Misa, todo el Pueblo de Dios podrá deleitarse en sus partes. *Levantemos el corazón. Lo tenemos levantado hacia el Señor.*

ESPACIO PARA LA CONTEMPLACIÓN Y EL SILENCIO

Una parte integral de la promoción de una cultura de la reverencia es aprender a sentirse cómodo con el silencio. Si se habla con los que se sienten atraídos por la Misa anterior al Vaticano II, suelen decir que lo que más les gusta es el silencio. Sienten como si la Misa se rezara de verdad, es decir, se les da espacio para contemplar el maravilloso misterio del amor divino.

Hay que admitir que muchas Misas postconciliares son ampulosas. Ahora bien, nunca va a haber un silencio absoluto en una parroquia vibrante. Los bebés y los niños gritarán o tratarán de correr por ahí. Hay que leer los anuncios de la parroquia. Pero nada de esto requiere la cantidad de discurso que típicamente experimentamos en la Misa.

El sacerdote, que busca cultivar una cultura de la reverencia, tendrá que examinar la frecuencia de su propio discurso. Sí, la Misa reformada permite que el sacerdote introduzca la Misa del día. Pero muchos sacerdotes hablan demasiado durante los primeros momentos de la Misa. Dan una extensa historia del santo del día, dando una mini conferencia. A menudo oigo a los sacerdotes comenzar la Misa diciendo: "Como siempre, comencemos en el nombre del Padre, del Hijo y del Espíritu Santo". ¿Qué aporta esta interpolación a nuestra oración? ¿Necesita la gente que se le recuerde que siempre empezamos la Misa en el nombre del Padre, del Hijo y del Espíritu Santo? ¿Se han olvidado desde la semana pasada? No. Esto es un discurso innecesario. Comenzar con un breve silencio haría mucho más por fomentar una liturgia reverente que decirle a todo el mundo que ya hemos orado esta parte de la Misa.

El sacerdote también debería integrar el silencio en las partes de la Misa reformada en las que se fomenta el silencio. En lugar de apresurarse en la Colecta o en la oración inicial, que haya un momento de silencio después de que el sacerdote diga: "Oremos". En lugar de apresurarse en la Plegaria Eucarística como si se tratara de batir un récord mundial de habla, el sacerdote puede tomarse su tiempo para orar. Que haya momentos de silencio durante las distintas partes de la Plegaria Eucarística, como he oído decir a menudo al liturgista padre Paul Turner. Que haya silencio después de haber recibido el Cuerpo y la Sangre de Cristo en lugar de más música de órgano, piano o guitarra. Que las explicaciones en la liturgia sean muy breves, si es que son necesarias. ¿Es realmente necesario explicar el procedimiento para acercarse a recibir el Cuerpo y la Sangre de Cristo cada semana?

El silencio, al fin y al cabo, forma parte de nuestra experiencia humana. Cuando un amigo me cuenta algo trágico que le ha sucedido, lo reverente es guardar silencio con esa persona.

Cuando abracé a mi hijo por primera vez, no dejé que un torrente de palabras interrumpiera mi mirada. Me bastó con contemplar el misterio de la nueva vida, de esta vida de la que ahora sería responsable. El silencio en estos casos nos muestra que está ocurriendo algo maravilloso que vale la pena contemplar.

La contemplación puede definirse simplemente como la contemplación de lo más real. Guardo silencio ante la tragedia de mi amigo, porque lo que veo es la realidad del sufrimiento humano. Ningún discurso puede sustituir ese silencio. No es el momento de dar un discurso sobre cómo afrontar el sufrimiento. El silencio lo dice todo. Lo mismo ocurre con el nacimiento de mi hijo. En el silencio, pude contemplar la realidad de mi hijo como un regalo.

En la vida moderna tardía nos sentimos muy incómodos con el silencio, acostumbrados al ruido allá donde vamos. Permitir espacios de silencio en la Misa no solo creará liturgias más reverentes. Ofrecerá una medicina que anhelamos profundamente: un tiempo alejado del ruido.

EL CUERPO IMPORTA

Una de las consecuencias de nuestra obsesión por las palabras en la liturgia es que a veces olvidamos que la reverencia se capta primero antes que se enseña. Me explico. Muchos programas de Primera Comunión se esfuerzan por enseñar a los alumnos de segundo grado todo lo que necesitan saber sobre la Eucaristía. Necesitan conocer los fundamentos bíblicos, las doctrinas eucarísticas de la Iglesia y las partes de la Misa.

Lo que olvidamos es que una cultura de reverencia eucarística comienza con el cuerpo. Mi hijo aprendió que la Eucaristía formaba parte de la vida de nuestra familia y que Jesucristo estaba presente en el Santísimo Sacramento no a través de la instrucción en un aula. Lo aprendió porque íbamos a Misa. Lo descubrió porque mi esposa y yo le enseñamos (y más tarde a su hermana) a hacer la genuflexión ante el sagrario. Enseñamos a nuestros dos hijos a mirar las iglesias con asombro, deleitándose con la presencia de las ovejas pintadas en las paredes, sugiriendo que nosotros también somos ovejas de un pastor tan bondadoso que quiere guardarnos y alimentarnos. Aprendió nuestro amor por el Santísimo Sacramento, la belleza de la presencia de Jesús, porque cerrábamos los ojos cuando cantábamos el *Sanctus* en la Misa o cuando recibíamos a nuestro precioso Señor en la Sagrada Comunión. La reverencia se captaba a través del cuerpo, en lugar de enseñarla con más palabras.

Ahora, soy un teólogo. Paso gran parte de mi vida utilizando las palabras para enseñar la doctrina cristiana a los estudiantes de la Universidad de Notre Dame. Hay un tiempo y un espacio para esa enseñanza y, como dirán mis estudiantes, aprovecho al máximo esos momentos.

Pero la reverencia eucarística en mi vida siempre se remonta a cómo uso mi cuerpo en el culto. Yo lo capté primero. Mi abuela me enseñó a mantener las manos juntas cuando rezaba. Mi abuelo me enseñó a arrodillarme ante el Santísimo Sacramento. Mis amigos mexicanos me enseñaron a decir las palabras de Santo Tomás en el Evangelio de Juan en voz baja para mí durante la

Plegaria Eucarística, mientras la hostia era sostenida para contemplar: "Señor mío y Dios mío". El cuerpo importa.

Esta es la verdadera razón por la que el arte, la arquitectura y la música son importantes en el culto. Aunque en el próximo capítulo nos ocuparemos más detenidamente de ellas, basta ahora con recordar que necesitamos el arte, la arquitectura y la música porque poseemos cuerpos. En la liturgia eucarística no adoro a un Dios abstracto, sino a Jesucristo, que se encarnó, murió en la cruz y resucitó. Por eso necesito un crucifijo para contemplar en la Misa. Del mismo modo, cuando voy a la Basílica del Sagrado Corazón en Notre Dame, las vidrieras de los santos representan para mí la presencia de la comunión de los santos que adoran al Cordero una vez inmolado. Es un recordatorio para mí de que la Misa nunca es solo una celebración de una sola comunidad parroquial. Durante el COVID-19, cuando no pude estar en la Misa ni contemplar la presencia de Jesús en el Santísimo Sacramento, todavía tenía las palabras del *Tantum Ergo* que había aprendido a cantar de joven en mi iglesia parroquial del este de Tennessee. El simple hecho de cantar esas palabras parecía llevarme a la presencia de Jesucristo.

Por lo tanto, prestar atención al arte en nuestras iglesias es fundamental para fomentar una reverencia encarnada. Antes del Vaticano II, se desarrolló una falacia. A saber, cuanto más sencilla sea la iglesia, mejor. He estado en iglesias con demasiado arte, carentes de toda unidad. Pero al menos estas iglesias presumían que cuando estoy adorando a Dios, voy a usar mi cuerpo. Voy a mirar las estatuas, encender velas y entrar en comunión con los santos. Porque tengo un cuerpo, necesito cosas.

Después del Concilio, lo que ocurrió fue una iconoclasia que se deshizo de las cosas. El culto litúrgico se convirtió en una cuestión más de sinceridad que de proponer un mundo divino mediado por la materia. No necesitábamos una cruz para contemplar, vidrieras, estatuas o música para maravillarnos. Lo que necesitábamos era un corazón dispuesto a adorar. Pero esto es un error. No somos monjes que se pasan todo el día sumergidos en las Sagradas Escrituras. La materia del culto es lo que hace que el catolicismo sea tan real para la gente.

Por eso, el arte, la arquitectura y la música son lugares privilegiados para la reverencia enculturada. He descubierto la realidad de Dios en Misas en español, inglés, polaco y francés. Dios no se manifiesta solo en las iglesias góticas. Gran parte de la inculturación está en la presencia de imágenes marianas de Polonia, México o Irlanda. Los murales en las paredes nos muestran parte de nuestra historia. Pero, al mismo tiempo, debemos reconocer que el arte, la arquitectura y la música también pueden experimentarse como fuentes de banalidad o lo que en arte suele llamarse *kitsch*. El arte, la arquitectura y la música son *kitsch* cuando son formulistas, cuando hacen exactamente lo que se espera que hagan. Debemos afrontar el hecho, especialmente en lo que respecta a la música, de que gran parte de lo que utilizamos en la Misa es, al menos, un poco *kitsch*. Muchos salmos e himnos suenan más como cancioncillas de un anuncio publicitario que como la comunión de los santos adorando al Cordero una vez inmolado. La comunicación sutil en esta música *kitsch* es que lo que estamos haciendo en esta Misa no es más importante que la música que suena en un comercial. Nuestros cuerpos lo reconocen antes que nuestras mentes. Al decir esto, no estoy afirmando que debamos cantar solo Polifonía renacentista en latín. Más bien, debemos reconocer que la música que cantamos en una parroquia debe llevarnos a un encuentro con la realidad de Dios, cortejándonos para que elevemos nuestros corazones y participemos en el culto celestial. El *Ave verum corpus* de William Byrd es una pieza musical que lo consigue. En este texto clásico que profesa la fe en la realidad de la presencia eucarística de Cristo en el altar, Byrd nos forma en la reverencia eucarística. Ante nosotros está el verdadero Cuerpo de Cristo, nacido de la Virgen María, cuyo costado fue traspasado en la Cruz y produjo sangre y agua. Al comer y beber el Cuerpo y la Sangre de Cristo, éste es el verdadero Cuerpo que recibimos. La incorporación por parte de Byrd de varios cantos superpuestos, el uso de dinámicas (suaves y fuertes) y la forma en que se dirige a Jesucristo presente sobre el altar nos invitan a una reverencia encarnada ante el Santísimo Sacramento.

Pero no tenemos que confiar solo en Byrd para esta reverencia. He asistido a la Bendición del Santísimo Sacramento donde hemos cantado la música del grupo *Third Day*, las inquietantes melodías de compositores contemporáneos y la música de alabanza y adoración de las iglesias evangélicas *Hillsong*. Lo que hace que esa música "no sea *kitsch*" es cómo habla de Dios. No cantamos sobre nosotros mismos. No reducimos a Dios a algo inmediatamente comprensible. El misterio del amor se encuentra cuando cantamos el "*Agnus Dei / Worthy*" de *Third Day*, reconociendo que Dios es santo, el Rey de Reyes y el Señor de Señores. La realidad de la presencia de Cristo en el Santísimo Sacramento se pone de manifiesto cuando unimos nuestras voces con una configuración contemporánea del himno clásico "Santo, Santo, Santo". En estos actos de canto o de escucha de composiciones poéticas, es nuestro ser de carne y hueso el que se pone ante la presencia viva de Dios. La música es el lugar donde llegamos a ver la realidad de Dios.

Una cultura eucarística de reverencia recuerda, por tanto, la importancia del cuerpo en el culto, siendo crítica con la banalidad y la cursilería de nuestro arte, arquitectura y música. Si queremos recultivar el amor al Santísimo Sacramento, es aquí donde más trabajo tenemos que hacer.

DEVOCIÓN EUCARÍSTICA

Por último, una cultura de reverencia eucarística en una parroquia cultivará la reverencia eucarística. Esta reverencia se desarrolla mejor en nuestra celebración de la Misa. Debemos rezar los textos de la Misa, adoptar una postura de silencio ante el misterio de amor, y utilizar regularmente nuestro cuerpo en la adoración. Pero hay otros modos de renovar la devoción eucarística.

En primer lugar, debemos estar atentos al lenguaje que utilizamos al hablar de la Eucaristía. Lo que encontramos en la Misa es la persona misma de Jesucristo hecha presente. Por la fuerza del Espíritu en la Plegaria Eucarística, el pan y el vino se convierten en Cuerpo y Sangre. El término *presencia real* es, en definitiva, un reconocimiento de la presencia personal de nuestro Señor que habita entre nosotros. No debemos referirnos al Santísimo Sacramento como "eso" o como un "objeto". Si los sacerdotes y catequistas utilizan este lenguaje, todos los demás lo captarán. Muchos himnos eucarísticos, de hecho, utilizan este lenguaje al referirse al Santísimo Sacramento, no dirigiéndose a la hostia como la presencia amada de nuestro Señor.

Por tanto, debemos hablar de esta presencia de forma que se reconozca el extraordinario don que nos ofrece Jesús. En la Misa recibimos el pan de vida, el maná del cielo, la comida y la bebida de los ángeles. En la Misa adoramos al Señor, comiendo y bebiendo en la cena del Cordero. Cuanto más utilicemos un lenguaje elevado y personal para referirnos a la Eucaristía, más se fomentará esa devoción en la parroquia. Tal vez sea el momento de volver a aprender esa bellísima profesión de fe ante la presencia de Jesús (que suele rezarse después de la Comunión): "Oh Sacramento santísimo, oh Sacramento divino, toda alabanza y toda acción de gracias sean en todo momento tuyas".

Fomentar una cultura de reverencia eucarística incluye la adoración del Santísimo Sacramento fuera de la Misa. Otro concepto erróneo que se desarrolló después del Vaticano II fue la falta de importancia de la devoción eucarística en la adoración de 40 horas, la bendición del Santísimo Sacramento, las horas santas ante el Señor en el tabernáculo y las procesiones del Santísimo Sacramento en el *Corpus Christi* y en tiempos de cosecha. Sí, la reforma litúrgica quería subrayar la importancia de la Misa para la vida católica. Como veremos en el próximo capítulo, estamos destinados a orar la liturgia. Pero esta oración se extiende fuera de la Misa.

La adoración eucarística y la bendición del Santísimo Sacramento no niegan la importancia del sacrificio de alabanza que la Iglesia ofrece en la liturgia eucarística propiamente dicha. Más bien, son extensiones de gratitud, de amor ante la presencia eucarística de nuestro Señor, que no desaparece cuando nos vamos el domingo por la mañana de nuestra iglesia parroquial. Él permanece aquí, habitando entre nosotros. Pasar por la iglesia parroquial para sentarse en presencia del Señor es un acto de devoción que aumenta el amor a la Eucaristía. Del mismo modo, la Bendición del Santísimo Sacramento formó a la Iglesia para reconocer la presencia personal de Jesús en la Eucaristía. En las Alabanzas Divinas, no hablamos de Dios de forma abstracta. Alabamos el santo nombre de Jesús, su Sagrado Corazón y su preciosa Sangre. Cantamos los himnos de Santo Tomás de Aquino, especialmente el *Tantum Ergo*, ante la presencia de Jesús.

Es hora de que la Iglesia deje de ver un enfrentamiento entre la adopción del Santísimo Sacramento fuera de la Misa y la celebración de la liturgia eucarística. Ambas están ordenadas a fomentar el amor reverente a Jesucristo que habita entre nosotros. La Eucaristía, por supuesto, está destinada a ser recibida. El Santísimo Sacramento es alimento para el camino. Pero la Eucaristía es alimento para el camino porque es la presencia del Señor que habita entre nosotros. Contemplar con gratitud este don no hace sino aumentar el deseo de recibir con amor a nuestro Señor. Estamos destinados a saborear y ver la bondad del Señor (ver Salmo 34,9).

CONCLUSIÓN

La reverencia eucarística no es un refrito de las guerras litúrgicas que han envuelto al catolicismo estadounidense en los últimos cincuenta años. No es una vuelta al latín (ni tampoco una negación de su importancia). Más bien, la reverencia litúrgica consiste en celebrar la liturgia de una manera alegremente seria. Los cinco aspectos de la reverencia que se acaban de explorar corresponden a los recursos online adjuntos con una invitación a que una parroquia emprenda un proceso de autoexamen. ¿Celebramos la Eucaristía con reverencia como Iglesia de muchas culturas?

Porque en el culto eucarístico, recibimos el Cuerpo y la Sangre de Jesucristo al tiempo que ofrecemos el sacrificio de alabanza que da existencia a la Iglesia. Así es. La Iglesia no es una burocracia, sino que está formada por hombres y mujeres llamados a la comunión con el Señor y entre sí. La formación eucarística de los fieles debe dedicarse a fomentar una participación activa en la Misa en este sentido profundo. Esta formación eucarística integral es el tema del próximo capítulo.

- ¿Cuáles son sus primeras reacciones a estas cinco dimensiones de una reverencia enculturada en la Misa? ¿Diría usted, tras la primera reacción, que su parroquia celebra la liturgia de una manera reverente enculturada?
- Descargue el retiro sugerido y el día de discernimiento en el sitio web del Centro de Liturgia de Notre Dame sobre la reverencia enculturada. Envía cualquier pregunta o idea que tengas sobre la realización de este retiro a ndcl@nd.edu.

3.
UNA CULTURA DE FORMACIÓN EUCARÍSTICA INTEGRAL

La catequesis eucarística en la Iglesia católica romana es deficiente. Esto no se debe a que la formación sacramental para la Primera Comunión sea pobre. De hecho, la preparación sacramental es a menudo la mejor catequesis que recibe un niño. La recepción del Santísimo Sacramento de mi hijo estuvo marcada por los retiros, la lectura de las Escrituras y la contemplación de las distintas partes de la liturgia. Su formación fue para mí una invitación a volver a una fe eucarística más profunda.[1]

Falta la catequesis eucarística porque no está pensada exclusivamente para los niños de segundo grado que reciben la Primera Comunión. La catequesis eucarística es un proyecto para toda la vida en el que se aprende a participar activamente en la Misa, incluyendo la recepción de nuestro Señor Jesucristo en el Santísimo Sacramento. Esta catequesis eucarística debe ser integral. *Integral* significa lo que es completo, esencial y fundamental. Una catequesis eucarística integral supone que estamos fomentando discípulos maduros en la parroquia que viven su identidad eucarística como sacerdotes bautizados, profetas y figuras reales destinadas a consagrar el mundo a Jesucristo. Una formación eucarística desintegrada atenderá solo a los niños y no a la maduración de los adultos en su fe eucarística.

El problema de la catequesis eucarística es en realidad un dilema de la catequesis en general. A saber, pensamos en la catequesis exclusivamente como la explicación o presentación de varias doctrinas para el asentimiento principalmente de un joven. El verbo *catequizar* se utiliza habitualmente de esta manera. Si la gente no viene a Misa, entonces debemos *catequizar a* los jóvenes para solucionar ese problema. Mientras tanto, nuestras parroquias siguen sin el tipo de formación en la fe de los adultos necesaria para cultivar un pueblo eucarístico.

Este enfoque típico de la catequesis es demasiado escaso, ya que el *Directorio para la catequesis* del 2020 nos recuerda:

> En el centro de todo proceso de catequesis está el encuentro vivo con Cristo. "En consecuencia, el objetivo definitivo de la catequesis es poner a las personas no sólo en contacto, sino en comunión, en intimidad con Jesucristo: sólo él puede llevarnos al amor del Padre en el Espíritu y hacernos partícipes de la vida de la Santísima Trinidad". La comunión con Cristo es el centro de la vida cristiana y, en consecuencia, el centro de la acción catequética. La catequesis se orienta a formar personas que conozcan aún mejor a Jesucristo y su Evangelio de salvación liberadora; que vivan un encuentro profundo con él y que elijan su

propia forma de vida y sus mismos sentimientos (cf. Felpa. 2,5), esforzándose por realizar, en la situación histórica en que viven, la misión de Cristo, que es el anuncio del reino de Dios.[2]

Fíjate en lo exhaustiva que debe ser la catequesis. Buscamos invitar a los hombres y mujeres a una relación con Jesucristo, que es salvífica. Reflexionan sobre el sentido de su vida como un encuentro con Jesús, eligiendo seguirle cada día más de cerca. A través del discipulado, quienes reciben la catequesis a lo largo de su vida van extendiendo el reino de Dios a todas las grietas del cosmos.

La atención casi exclusiva a la catequesis eucarística infantil nos hace olvidar lo amplia que debe ser la formación eucarística. Estamos llamados a dar la mejor catequesis a los adultos y no solo a los niños. Una cultura eucarística formará a hombres y mujeres maduros en una participación plena, consciente y activa en la vida eucarística de la Iglesia. Solo entonces las parroquias tendrán una formación eucarística integral para renovar el mundo en Jesucristo.

- Antes de continuar, piensa en la catequesis de adultos en tu parroquia. ¿Qué tipo de formación tiene lugar? ¿Describirías esta formación como integral? ¿Por qué o por qué no?

CATEQUESIS, ADULTEZ Y PARTICIPACIÓN ACTIVA

La afirmación de que la catequesis es necesaria para los adultos va en contra de muchas de nuestras suposiciones sobre la educación religiosa. Salvo la iniciación de adultos en Semana Santa, suponemos que la mayor parte de la catequesis parroquial está orientada a los niños. Esta catequesis está destinada a transmitir los rudimentos de la fe a la futura generación, culminando con la recepción del Sacramento de la Confirmación. Después, habrá momentos ocasionales, aunque irregulares, de catequesis para otros sacramentos.

No me confundan. La catequesis de los niños es importante para la Iglesia. Debemos invitar a los niños, especialmente a los que reciben la Primera Comunión, a comprender el don que están recibiendo. Enfoques como el de la Catequesis del Buen Pastor nos han mostrado que los niños pequeños son capaces de tener una visión madura de Dios, si se les enseña de una manera que sea apropiada para el niño pequeño, sin dejar de basarse en la Escritura y en la liturgia.[3] Además, la experiencia atestigua la importancia de un encuentro infantil con la Eucaristía para la fe adulta posterior. Mi amor por el Santísimo Sacramento comenzó cuando mi abuela y mi abuelo empezaron a llevarme a la Misa de las 7:00 de la mañana en la parroquia de San David en el sur de Florida. Estaba en San David antes de mi Primera Comunión, vestido con un traje blanco bajo el sol de Florida. Este día es tan vívido para mí como el día de mi boda.

Con estas advertencias, los lectores deben saber que los estudiosos de la catequesis han redescubierto la importancia de la edad adulta en la formación religiosa en los últimos veinticinco años.[4] Dicha importancia es subrayada por los documentos de la Iglesia. El paradigma de toda catequesis no son los niños reunidos en un aula, sino el catecumenado de adultos, donde hombres y mujeres se inician en la plenitud de la vida cristiana a través de la instrucción, los períodos de discernimiento, los retiros, la oración en común y la vida litúrgica de la Iglesia.

¿Qué dice la Iglesia sobre la catequesis de adultos? ¿Y por qué es tan importante? El *Directorio para la catequesis* del 2020 dice:

> La catequesis con adultos se configura, por tanto, como un proceso de aprendizaje personal y comunitario, orientado a la adquisición de una mentalidad de fe. Su objetivo principal es, por tanto, la formación y maduración de la vida en el Espíritu, según los principios de gradualidad y progresividad, para que el mensaje evangélico sea acogido en su dinamismo transformador y, así, sea capaz de marcar la vida personal y social. En definitiva, la catequesis con adultos alcanza su meta cuando hace que los propios adultos sean capaces de asumir su propia experiencia de fe y estén deseosos de seguir caminando y creciendo.[5]

La catequesis de adultos es importante porque la mayor parte de nuestra vida se desarrolla en esta etapa de la vida adulta. Nos iniciamos en la fe católica, pero eso no es el final. Nuestra vocación como hijos e hijas bautizados de Jesús es consagrar cada dimensión de la vida. En nuestro trabajo, nuestras amistades, nuestros matrimonios y nuestros empleos, estamos llamados a ser discípulos misioneros que aman hasta el final. Esto no es fácil, y no podemos hacerlo todo solos.

Ser adulto es difícil. Mis estudiantes lo saben, y por eso suelen referirse al pago de facturas y a la asunción de grandes compromisos como "hacerse adulto". En los Estados Unidos, las personas "se convierten" en adultos hoy en día a menudo a mediados o finales de los veinte años. Entonces tenemos carreras, familias y grandes decisiones que tomar. Como católicos, debemos tomar todas estas decisiones como hijos e hijas bautizados. ¿Aceptaré otro trabajo? ¿Cómo voy a criar a mis hijos? ¿Dónde deben ir a la escuela? ¿Cómo encuentro el sentido de mi vida, incluso en esos momentos mundanos? Preguntas adultas que requieren una catequesis adulta, que exige una creciente unión con Jesús.

La edad adulta, de este modo, se define realmente por una *completa* participación en la misión de Cristo. En el primer capítulo de este libro, hablé de la forma en que el Papa Benedicto XVI entiende la participación activa. Si recuerdas, el Papa Benedicto considera que la participación activa es una participación más profunda en el misterio de Jesucristo a través de la celebración de la Misa. *Actuosa participatio* (participación real) se ordena a sintonizar el cuerpo, la mente y el corazón en el acto de culto. Lo que hacemos con nuestro cuerpo, lo contemplamos en nuestra mente y lo amamos en nuestro corazón.

Este enfoque de la participación activa es difícil para muchos occidentales contemporáneos. El padre Romano Guardini—al que nos hemos referido en el último capítulo—planteó esta preocupación en 1964 a los obispos alemanes. Escribió a los obispos, que estaban inmersos en cuestiones relacionadas con la renovación litúrgica planteada por el Vaticano II:

> La cuestión es si las maravillosas oportunidades que ahora se abren a la liturgia alcanzarán su plena realización: si nos conformaremos con eliminar las anomalías, tener en cuenta las nuevas situaciones, instruir mejor sobre el significado de las ceremonias y los vasos litúrgicos o si reaprenderemos una forma de hacer olvidada y recuperaremos actitudes perdidas.[6]

Aquí, Guardini está diciendo que la renovación litúrgica no consiste solo en entender lo que ocurre en la Misa. Se trata de aprender una nueva forma de ser humano a través de la celebración litúrgica. Romano Guardini se pregunta si podemos adoptar una postura de adoración, de contemplación amorosa, de celebración alegre y de unión con Cristo, en todas las dimensiones de nuestra vida. En pocas palabras, nos llama a una participación adulta en la vida eucarística.

Una catequesis eucarística en la Iglesia se centrará en cultivar la participación activa—en este sentido integral—dentro del Pueblo de Dios. Como destaca el *Directorio para la catequesis*, la Iglesia cultiva una participación activa en el misterio de Cristo de cinco maneras: (1) enseñando el conocimiento de la fe, (2) educando en las disposiciones litúrgicas, (3) formando para la vida en Cristo, (4) iniciando al católico en el arte de la oración y (5) fomentando la vida comunitaria.

1. La catequesis eucarística integral enseñará el conocimiento de las dimensiones eucarísticas de la fe católica.

El misterio eucarístico en el catolicismo está en todas partes en la Sagrada Escritura y en la Sagrada Tradición. La participación activa en la liturgia cultivará el conocimiento de los fundamentos bíblicos de la Misa y la presencia real de Cristo en el Santísimo Sacramento. Atenderá a las doctrinas eucarísticas de la Iglesia (incluyendo la presencia real y la transubstanciación). Esta catequesis ofrecerá una iniciación completa a las diversas partes de la Misa, permitiendo a cada hombre y mujer comprender lo que sucede en la liturgia eucarística.[7] La catequesis mostrará cómo el misterio eucarístico tiene su eco en la vida y los escritos de los santos, así como en el arte y la literatura. Todas las fuentes de la catequesis, incluyendo la Escritura, la enseñanza del magisterio, la propia liturgia, los santos y los mártires, la teología, la cultura cristiana y el arte, tienen un lugar en la promoción del conocimiento de la fe.[8]

2. La catequesis eucarística integral debe enseñar a orar la Misa.

El *Directorio para la catequesis* afirma que la formación litúrgica "educa al creyente en las actitudes que las celebraciones de la Iglesia requieren: alegría por la calidad festiva de las celebraciones, sentido de la comunidad, escucha atenta de la palabra de Dios, oración confiada, alabanza y acción de gracias, conciencia de los símbolos y signos".[9] El *Directorio* trata, en definitiva, de las disposiciones o capacidades que el creyente aporta a la Misa. Sí, orar la Misa de manera reverente, descrita en el capítulo anterior, es la mejor manera de recibir esta catequesis. Pero si uno trata el domingo como un día más, lleno de trabajo para preparar la semana, es poco probable que el fiel asistente a la Misa sea capaz de orarla con alegría. Si no somos capaces de escuchar con atención, tal vez adictos a navegar por la web, no podremos escuchar la Palabra de Dios. Una catequesis eucarística integral, por tanto, enseñará a orar bien la liturgia fomentando las disposiciones de oración.

3. La catequesis eucarística integral nos forma para la vida en Cristo.

Con demasiada frecuencia, nuestros manuales de catequesis reducen esta tercera tarea a la ética. ¿Cómo debemos vivir una vida recta? Pero el *Directorio* subraya la dimensión cristocéntrica de esta tarea de catequesis:

> La catequesis tiene la tarea de hacer resonar en el corazón de cada cristiano la llamada a vivir una vida nueva en consonancia con la dignidad de hijos de Dios recibida en el Bautismo y con la vida del Resucitado que se comunica a través de los sacramentos. Esta tarea consiste en mostrar que la respuesta a la elevada vocación de la santidad... es una forma de vida filial capaz de reconducir toda situación al camino de la verdad y de la felicidad que es Cristo.[10]

Lo que normalmente se entiende como la tarea moral de la catequesis es cultivar un deseo más profundo de santidad o unión total con la persona de Cristo. Cada dimensión de mi vida ha de ser vivida considerando a Jesucristo, Aquel que se me entrega por amor en el altar eucarístico. Mi identidad como maestro, esposo y padre ha de estar en sintonía con el amor sacrificado que aprendo de Jesucristo. Esta tarea tiene que ver realmente con la vocación eucarística de todo hombre y mujer de ofrecer su cuerpo como sacrificio de amor al Padre, por medio del Hijo, infundido con el don del Espíritu Santo.[11] Cada católico debe aprender el arte del discernimiento eucarístico, descubriendo la presencia de Jesucristo aquí y ahora.

4. La catequesis eucarística integral debe iniciar al católico en el arte de la oración.

La capacidad de reconocer la presencia del Señor Eucarístico en nuestras vidas requiere una educación en la contemplación: "La catequesis tiene la tarea de educar al creyente para la oración y en la oración, desarrollando la dimensión contemplativa de la experiencia cristiana".[12] Aquí, el *Directorio* no se refiere al tipo de contemplación del que hablaban a menudo santos como Juan de la Cruz o Teresa de Ávila: una unión mística con Dios que solo llega como un don. Más bien, la actitud contemplativa está conformada por quien ora como y con Jesús. La contemplación es aprender a adoptar la actitud que tiene Jesús ante el Padre. La oración no es solo algo que hacemos una vez a la semana en la Misa. Debe impregnar todos los aspectos de nuestra vida. Incluso mientras escribo este libro, debería hacerlo de manera orante. El entorno de la catequesis debería ser un espacio de oración, no una sala de conferencias, sino un espacio en el que contemplamos juntos, en alabanza, adoración, acción de gracias y asombro, el misterio del amor divino que nos ofrece Jesucristo. Al aprender esta contemplación, toda nuestra vida se convierte en una extensión del misterio eucarístico.

5. La catequesis eucarística integral fomenta la vida comunitaria.

No nos salvamos solos. Más bien, la participación activa en la Misa nos llama a una espiritualidad de comunión en la que "vemos la luz de la Trinidad reflejada en el rostro del hermano . . . sentir, a través de la unidad profunda del Cuerpo místico, que es parte de uno mismo; compartir sus alegrías y sufrimientos para percibir sus deseos; atender sus necesidades; ofrecerle una verdadera y profunda amistad".[13] Esta tarea de catequesis es una formación de cada cristiano en la comunión eucarística de la Iglesia. Mi parroquia no está llena de desconocidos, sino que está formada por aquellos con los que comparto la más íntima comunión en Jesucristo (me gusten o no, por cierto). Cuando recibo el Santísimo Sacramento, la presencia del Señor que habita entre nosotros, lo hago en comunión con mi prójimo. Todos nosotros, como Iglesia que peregrina en la historia, tenemos la responsabilidad de llevar esta comunión eucarística a los lugares infernales de la historia humana.

Fijaos que casi todo en estas diversas tareas se relaciona aún más con la edad adulta que con la infancia. Si nuestras parroquias carecen de oportunidades para que los adultos contemplen el misterio eucarístico, nunca llegaremos a ser un pueblo plenamente eucarístico en la parroquia. Nuestros niños dominarán el currículo implícito que les proponemos, es decir, que la formación religiosa es realmente para niños y, por tanto, no es tan importante. Cuando sean adultos, podrán pasar a cosas más serias. La Eucaristía está muy bien para los niños de segundo grado, pero ¿qué tiene que ver con el resto de nuestras vidas?

- Piense en la catequesis de su parroquia en todas las edades y etapas. ¿La catequesis en su parroquia atiende a cada una de las cinco tareas expuestas anteriormente?
- ¿Qué le gustaría entender mejor sobre la Eucaristía o la celebración de la Misa?

UNA CATEQUESIS EUCARÍSTICA DE LA IDENTIDAD: LA MEMORIA, LA COMPRENSIÓN Y EL DESEO

Por supuesto, ahora llegamos a un problema pastoral clave. Si la catequesis eucarística de adultos, realizada teniendo en cuenta todas las tareas de la catequesis, se considera fundamental para fomentar una cultura eucarística, ¿cómo debemos realizar esta catequesis? Aquí es donde la mayoría de las parroquias se equivocan. Las parroquias se limitan a adaptar a los adultos lo que hacemos con los niños. Conseguimos sillas más grandes. Sí, las instalamos en el salón parroquial en lugar de en el aula de tercer grado. Pero seguimos adoptando una mentalidad de aula para esta educación.

Seamos sinceros. Este enfoque no funciona en la mayoría de los lugares. Organizamos la catequesis de adultos, pero solo acabamos con media docena de adultos reunidos a las 7:00 de la tarde en el salón parroquial para oír hablar de la Eucaristía. Las mamás y los papás, que acuestan a sus hijos, nunca aparecen. Los adultos jóvenes se aíslan en las sesiones de *Theology on Tap*. Muchas personas mayores no pueden salir de sus casas por la noche. Sí, si viene un predicador de fama mundial (tipo Obispo Barron), puede que se llene el salón parroquial. Pero hay pocos predicadores de fama mundial, a menudo son caros, y no se quedan después de hablar. La cultura, recuerda, es una visión del mundo. Ningún predicador pasajero puede crear una cultura.

Irónicamente, recuperar una idea de la catequesis de la Iglesia primitiva y medieval podría ser útil para nuestro problema. A saber, la catequesis estaba relacionada con la formación de un sentido holístico de la identidad cristiana que no podía lograrse solo en el aula. Más bien, la memoria (estrechamente vinculada a la imaginación), el entendimiento (o intelecto) y el deseo (o voluntad) de la persona que recibe la catequesis se cultivan de manera integral. Exploremos las implicaciones de esta visión tradicional para una catequesis integral hoy.

MEMORIA, IMAGINACIÓN Y EXPERIENCIA

Si nuestra principal experiencia de catequesis fue antes del Concilio Vaticano II, podríamos tener una reacción negativa a la palabra *memoria*. Podríamos pensar en nuestra propia catequesis como una cuestión de mera "memorización" más que de comprensión.

Pero, como subraya el *Directorio*, la memoria no se reduce a la memorización. El documento afirma:

> La memoria es una dimensión integral de la historia de la salvación. Al pueblo de Israel se le insta constantemente a mantener viva la memoria, a no olvidar los beneficios del Señor. Se trata de guardar en el corazón los acontecimientos que avalan la iniciativa de Dios, que a veces son difíciles de entender, pero que se perciben como acontecimientos salvíficos. . . . En su sentido más profundo, por tanto, la memoria remite a la primacía de la gracia; al reconocimiento de los dones de Dios y a la gratitud por ellos; a vivir dentro de una tradición sin cortar sus raíces. La catequesis aprovecha la celebración o el *recuerdo* de los grandes acontecimientos de la historia de la salvación para ayudar al creyente a sentirse parte de esta historia.[14]

Es fundamental tener en cuenta que la memoria no es solo una técnica de almacenamiento de información. Está vinculada a una apropiación personal de la historia, para nuestro propósito aquí, la historia de *la salvación*. Si recuerdo lo que Dios ha realizado, si se convierte en parte de mí, entonces yo también soy parte de esa memoria. Y cuando recuerdo lo que el Padre ha realizado por medio del Hijo, experimento de nuevo una gratitud eucarística. Lo que Jesús ha hecho me importa de nuevo aquí y ahora. Importa porque forma parte de mí.

Este relato de la memoria tiene sus raíces en las enseñanzas de San Agustín de Hipona. El doctor de la Iglesia del siglo V habla de la memoria como una mansión o almacén. Nuestros sentidos captan muchas cosas. Mientras crecía en el este de Tennessee, los olores más dulces marcaban para mí la llegada del verano. Incluso estando en el norte de Indiana, lejos de las estribaciones de los *Smokies*, puedo experimentar de nuevo esa dulzura de principios de verano en mi memoria. Y cuando estoy en Knoxville en junio, cuando mi nariz percibe ese olor tan característico, inmediatamente vuelvo a experimentar lo que es ser un niño que va de excursión por las montañas. Todos los recuerdos se recuperan de inmediato. San Agustín de Hipona, retomando estos mismos temas, confiesa sobre la memoria:

> Ahora llego a los campos y a las vastas mansiones de la memoria, donde se atesoran innumerables imágenes traídas desde los objetos de toda clase concebible percibidos por los sentidos. Allí también están escondidas las imágenes modificadas que producimos cuando por nuestro pensamiento magnificamos o disminuimos o alteramos de alguna manera la información que nuestros sentidos han reportado. Allí también está todo lo demás que ha sido consignado y guardado. . . . Quiere presentarse, e inmediatamente surgen ciertas cosas, mientras que otras tienen que

> ser perseguidas durante algún tiempo y desenterradas de recónditas grietas. . . . El inmenso depósito de la memoria, con sus cavernas secretas e inimaginables, acoge y guarda todas estas cosas, para recordarlas y sacarlas a relucir cuando se necesiten.[15]

San Agustín subraya que la memoria está estrechamente ligada a lo que somos, a nuestra propia identidad. Lo que hemos sentido, lo que está "escrito" en la memoria, nos hace ser lo que somos. Todo lo que he vivido forma parte de lo que soy.

Agustín habla de dos cosas que valoramos en la catequesis de hoy. En primer lugar, se refiere a la experiencia. En latín, la palabra para "experiencia" es *sentire*, de donde se deriva la palabra *sentido*. Tener una experiencia, por tanto, es experimentar la sensación. Mientras escribo este párrafo con vistas al río St. Joseph en South Bend en un hermoso día de verano, mis sentidos están experimentando el mundo que me rodea. El aspecto notable de esta experiencia, por supuesto, es que se convierte en parte de mí. Esta noche, al acostarme, seré capaz de recordar esta experiencia. Recordaré el color de las hojas que se reflejan en el agua, el calor del sol y el sonido de los grillos a mi alrededor.

Esto nos lleva a la segunda dimensión de la experiencia abordada por San Agustín. Cuando su autor recuerda la experiencia de escribir, está realizando un acto imaginativo. A menudo pensamos en la imaginación como algo puramente relacionado con lo fantasioso. Un niño es imaginativo si piensa en un dragón que le persigue por el barrio. Pero la imaginación es la capacidad que tenemos como seres humanos de "recordar" todo lo que hemos vivido. Al contemplar el río San José, todos los ríos por los que he navegado en canoa se presentan ante mi mirada interior. En pleno invierno, puedo pensar en todos los ríos en los que he nadado, casi sintiendo el agua refrescante en mi piel. Puedes ver por qué Agustín podría confesar el maravilloso poder de la memoria.

A Agustín no le interesa la memoria por sí misma. Quiere pensar en el poder formativo de la memoria en la experiencia cristiana. Sí, he navegado en canoa y he nadado en docenas de ríos a lo largo de mi vida. Esto palidece en comparación con mi experiencia de la Eucaristía. Durante mis casi cuarenta años de vida, he asistido a miles de Misas. He rezado el Salterio en la Liturgia de las Horas. He contemplado y escuchado cientos de piezas de arte eucarístico y de música sagrada. Todo ello forma parte de mí, conformando mi experiencia.

Recordar nuestras experiencias siempre es complicado. Después de todo, he asistido a muchas Misas. También he asistido a innumerables partidos de fútbol de Notre Dame, he conducido mi coche más de lo que me gustaría pensar, y les he dicho a mis hijos (casi todas las noches) que no bebieran agua del baño. Tengo muchos recuerdos. La tarea de una catequesis eucarística para adultos es hacer surgir recuerdos eucarísticos que nos permitan convertirnos plenamente en lo que recibimos en la Eucaristía, el Cuerpo de Cristo para la vida del mundo.

¿Cómo lo hacemos? En primer lugar, como ya dije en el último capítulo, necesitamos liturgias eucarísticas hermosas, del tipo de las que se quedan en la memoria. Podemos pensar que esas liturgias reverentes y bellas subrayan lo que es memorable en primer lugar. Son como un marco de fotos alrededor de una imagen, centrando nuestra atención en lo que tenemos delante.

No mires a la pared, sino a este cuadro de Monet. Mira más allá de esta hermosa liturgia para ver al Señor.

Pero eso no es suficiente. Después de todo, el esteta, alguien que ama la belleza por sí misma y no como una ocasión para conocer a Dios, también podría tener una memoria llena de bellas liturgias, pero eso no le hace amar la Eucaristía. Tenemos que ser intencionales para llenar nuestra memoria con todo tipo de cosas relacionadas con la Eucaristía, incluyendo la teología y las escrituras. Siempre que recibo la Eucaristía en la Misa, no importa el himno, recuerdo las palabras del Salmo 34: "Gustad y ved que Bueno es el Señor". Si no conociera este salmo, su relación con la Eucaristía, quizá nunca pensaría en él. Pero como poseo este recuerdo, puedo ver en el Santísimo Sacramento más de lo que podría contemplar inicialmente. Sí, está la hostia ante mis ojos, tan sencilla, tan simple. Pero al acercarme a la Comunión, estoy saboreando y viendo la fuente misma de toda la bondad divina. Las palabras vienen a mi mente, las recuerdo, y entonces mi experiencia misma de recibir la Eucaristía se transforma.

El arte es muy importante en la Eucaristía. El arte penetra en nuestros sentidos. Se convierte en parte de nuestra memoria. Nunca puedo asistir a la Misa sin pensar en el retablo que contemplé en Gante (Bélgica). La imagen del Cordero rodeado de todos los santos, adorando ante el altar celestial, siempre me viene a la mente cuando recibo el Santísimo. Esa experiencia de contemplar una obra de arte clásica y mi experiencia de ir a Misa están unidas en mi memoria. Cada vez que huelo el incienso en la Misa, cuando contemplo el Santísimo en el altar, veo en mi mente (en mi memoria) el retablo de Gante.

Una catequesis eucarística atenderá a la memoria dándonos un momento para contemplar. Contemplar requiere tiempo. Es como cuando leemos la Sagrada Escritura, y simplemente nos regocijamos inicialmente en las palabras que escuchamos. Todavía no nos hacemos preguntas. Pero nos preguntamos qué quiere decir el Señor cuando dice que es el pan de la vida en Juan 6. Cuanto más bellos sean los signos eucarísticos que contemplemos, discernibles en las Escrituras, en el arte, la música, la literatura y la poesía, más nos sensibilizaremos para ver lo que ocurre en la Misa. Nuestra experiencia de la Misa será moldeada por nuestra memoria e imaginación, y viceversa.

LA COMPRENSIÓN Y EL ARTE DE LA MEDITACIÓN

Si *la memoria* es una palabra amarga para muchos en la catequesis, *la comprensión* no es mucho mejor. Recuerda demasiado a menudo una comprensión de la catequesis como puro acto intelectual. La vida de la Iglesia se convierte simplemente en aquellos que tienen las credenciales académicas para ganarla. No son pocos los apostolados que hoy en día en la Iglesia son víctimas de esta tentación, pensando que la perspicacia intelectual lo arreglará todo.

Esto no es una comprensión adecuada del entendimiento (lo siento, me encanta el juego de palabras). "Entendimiento" es la traducción al español de la palabra latina *intellectus*. *Intellectus* se refiere a la capacidad humana de reconocer el sentido de algo en lo que contemplamos. Se relaciona con el significado.

Permítanme describir un momento de perspicacia intelectual que ampliará nuestra comprensión del *intellectus*. Cuando viajo, llamo a casa. La primera voz que escucho suele ser la de mi hija. La alegría de llamar a casa, sin embargo, no es solo escuchar la voz. Esta voz tiene un significado. Escuchar la voz de mi hija, oír cómo me llama "papá", es *significativo*. Su voz representa para mí su ser, el regalo que es no solo para sus padres, sino para todos los que se encuentran con ella. Cuando cuelgo el teléfono, no termina mi meditación sobre la voz de Maggie. Viajar me hace *pensar en* lo importante que es esta criatura para mi identidad y para mi vida. En todo este proceso, estoy realizando un acto de comprensión, de meditación sobre el don de mi hija.

La comprensión, entonces, es realmente una ocasión de meditación. Tomamos lo que hemos percibido, lo que recordamos, y le hacemos preguntas. Nos preguntamos de nuevo sobre ello. Quizá cuelgue el teléfono y piense: "¿Cómo puedo amar tanto a alguien? ¿Cómo cambia esto mi forma de pensar sobre el amor?".

La comprensión en la catequesis eucarística no consiste en dominar. Se trata de recuperar el asombro. La primera forma de buscar la comprensión de la Eucaristía es haciendo preguntas. Estas preguntas no serán puramente académicas. Serán personales, es decir, implicarán a toda nuestra persona. ¿Cómo ha cambiado mi vida mi participación en la Misa? ¿Por qué me cuesta tanto ir a Misa? ¿Vivo el amor eucarístico que recibo en el Santísimo Sacramento? Todos estos son actos de comprensión.

Aquí, la doctrina eucarística ocupa un lugar privilegiado. Fallamos si pensamos en la doctrina eucarística solo como explicativa. Las doctrinas eucarísticas tienen un *significado*. El dogma de la presencia real nos ofrece una hipótesis, una proposición para aplicar a nuestra propia vida. Nos dice: El Señor habita entre nosotros aquí y ahora. En mi vida, en mi ciudad (por muy importante que sea), el Señor está ahí. Se hace presente, y quiere que yo me haga presente a él, que lo adore. La transubstanciación es lo mismo. No se trata de intelectuales que tratan la Eucaristía como un rompecabezas filosófico. Jesús me lo da todo, y ahora me lleva a su manera marcando el tiempo. ¿Qué significa en mi vida que este pan y este vino ordinarios se conviertan en el Cuerpo y la Sangre de Cristo? ¿Qué significa que Dios se entregue plenamente a mí bajo los signos del pan y el vino? ¿Estoy dispuesto a reconocer en la Eucaristía el último regalo que Dios ofrece, la transformación de toda la creación?

Puedes ver aquí que la comprensión eucarística o el *intellectus* no es algo para los católicos que les gusta leer tomos eucarísticos. La comprensión es una meditación concreta sobre el significado de la Eucaristía para mí y para todos. Debo hacer preguntas al Santísimo Sacramento, preguntarme de nuevo ante lo que se me da. La Misa me interroga, me pide que reflexione sobre su significado para mí aquí y ahora.

Permítanme dar un ejemplo que he utilizado en otros escritos sobre la Eucaristía. ¿Qué significa en el *Gloria* cuando alabo, bendigo, adoro, glorifico y doy gracias a Dios? ¿No parece esto excesivo? ¿Insuficiente? Alabar y adorar son básicamente lo mismo. Pero este pensamiento pasa por alto algo clave. Alabo, adoro, bendigo y glorifico porque estoy entrando en la presencia de Dios. No se trata de eficiencia. Debo prepararme para lo que voy a recibir en la Misa, la presencia total de nuestro Señor. Cuando hago preguntas sobre cada parte de la Misa, preguntando qué significan, en realidad estoy preguntando sobre el significado del Santísimo Sacramento para mi vida. ¿Glorifico a Dios en todas las dimensiones de mi vida? ¿Me acerco al Santísimo Sacramento lo suficientemente consciente del regalo que estoy recibiendo, un regalo tan tremendo que una sola palabra de "alabanza" es insuficiente para mi preparación?

Este enfoque de la comprensión está muy vinculado a la memoria. Al fin y al cabo, lo que experimentamos en nuestros sentidos, lo que se convierte en parte de nosotros en nuestra memoria, a menudo nos lleva a nuevas preguntas y percepciones sobre nuestra vida común en Cristo. Durante los últimos cinco años, he impartido una clase en Notre Dame sobre la Eucaristía y el arte sagrado. He estudiado retablos, cantos, himnos, arquitectura, poesía, literatura y escultura. Lo que he contemplado se ha convertido en parte de mi memoria, llevándome a acercarme de nuevo a la Misa y a plantearme nuevas preguntas sobre el significado de la Eucaristía para mí. Cuanto más experimento y contemplo con asombro, más preguntas me hago sobre el significado de la Eucaristía en mi vida.

Este enfoque de la catequesis requiere tiempo. Una catequesis que atienda tanto a la memoria como a la comprensión debe dar espacio para que los adultos se encuentren con la belleza, se asombren, se hagan preguntas y dialoguen y disciernan. Al cultivar esta comprensión eucarística, nos convertimos en discípulos eucarísticos.

Amor y deseo

En el centro de toda catequesis eucarística para niños y adultos está el amor. Una vez más, la palabra *amor* puede no ser bien recibida por quienes se dedican a la catequesis. Podría hacer pensar en un enfoque de la catequesis en el que la doctrina escasea y el final de cada lección implica la creación de un proyecto de manualidades. En este enfoque, lo único que necesitamos saber es que Dios nos ama.

Por supuesto, eso es un malentendido de lo que queremos decir cuando decimos que Dios nos ama. En su propia instrucción del catequista norteafricano Deogratias, San Agustín escribe:

> ¿Qué razón más fuerte podría haber para la venida del Señor que el hecho de que Dios pretendiera revelar su amor entre nosotros y demostrarlo con gran fuerza? Pues cuando aún éramos sus enemigos, Cristo murió por nosotros. Y lo hizo porque el *objeto del mandamiento* (1 Tm 1,5) y *la plenitud de la ley es el amor* (Rm. 13,10), siendo su propósito que también nosotros nos amemos los unos a los otros, *y que*, así como *Él dio su vida por nosotros*, también *nosotros demos la nuestra por los hermanos.*[16]

Para Agustín, el amor es la gran estrategia retórica de Dios. Al no poder llegar a nosotros de otra manera, el Padre envió a su Hijo al mundo. A pesar del rechazo de la humanidad a Dios (como vemos en la Cruz), Dios siguió amándonos. Cumplió la Ley y nos atrajo hacia un amor más profundo, no solo hacia Dios, sino también hacia los demás. El *amor*, en este caso, significa una amistad total y abnegada con Dios y con el prójimo.

Cuando decimos que Dios nos ama, no estamos diciendo algo trillado, fácilmente desechable, o reducible a la elaboración de proyectos de catequesis de jardín de infancia. Que Dios es amor es lo más radical que podemos creer. La fuente de todo, de toda verdad, bondad y belleza, nos ama. Cada punto y cada tilde de las Escrituras, cada rito litúrgico y cada enseñanza eclesial tienen que ver con el amor que se entrega.

La tragedia es que no siempre amamos a Dios a cambio. O amamos a Dios "más o menos" o "a menudo". Ahora bien, podemos creer en todo lo relacionado con el catolicismo, incluso hablar de ello con los amigos, pero el resto de nuestra vida testifica en contra de nuestro amor a Dios. Sabemos que es bueno, lo hemos estudiado, pero nos cuesta amarlo.

Nuestros hábitos a menudo nos han dificultado amar a Dios con todo nuestro corazón, mente y alma. Como la mayoría de los ciudadanos estadounidenses, soy adicto a mi teléfono inteligente. No pasa una hora del día despierto sin que desee mirar mi teléfono. No aprendí esto de un libro o de otros medios de comunicación. Lo aprendí por el interminable hábito de tocar y mirar mi teléfono. Sé que esta práctica me aleja de la lectura de libros, que es parte de mi trabajo. Me dificulta seguir un argumento hasta el final porque a menudo estoy muy distraído. Sé lo que me conviene, pero me cuesta vivir la verdad que conozco. Deja tú teléfono inteligente, lo sé. Pero ahí estoy una y otra vez. Desbloqueando. Mirando. Navegando.

Lo mismo ocurre con la práctica religiosa. Sí, sé que la oración es buena para mí. Sé que Dios me ama, y por lo tanto debo amar a Dios a cambio. Debería reservar tiempo para estar con Dios. Pero no puedo. No puedo porque he adquirido otros hábitos. En lugar de pasar una hora ante el Santísimo Sacramento cada semana, estoy dispuesto a hacer literalmente cualquier otra cosa, por ejemplo, ver interminables vídeos de YouTube.

Una catequesis eucarística para adultos adquirirá un tono ascético. En un capítulo dedicado a las palabras que no gustan a nadie, *el ascetismo* puede llevarse el premio. Cuando pensamos en el ascetismo, puede venirnos a la mente la imagen de un monje adusto que no sonríe nunca, que se obsesiona con cada pecado. Pero esto es un malentendido del ascetismo.

El ascetismo es la disciplina. Es la respuesta de un amante que quiere aprender a amar más.[17] Si no encuentro tiempo para orar, podría levantarme una hora antes. Sacrificaría el sueño por el amor. Si me he acostumbrado al regalo del Santísimo Sacramento, sin ser consciente del gran regalo que recibo en el Santísimo Sacramento, puedo intentar pasar treinta minutos más antes de la Misa del domingo a solas con el Señor. Si ignoro la presencia de Cristo en los pobres, separando la recepción de Jesús de las obras de misericordia, puede que necesite no solo diezmar, sino dedicar una hora o más de la semana a atender a los hambrientos y sedientos.

Ninguna de estas prácticas, por supuesto, pretende conseguir que Dios me ame. Dios me amó primero. Dios dio el primer paso. Pero estas prácticas crean un espacio para que me convierta en un amante más perfecto de Dios. Me permiten crecer en santidad. En última instancia, el ascetismo tiene que ver con el deseo más que con el castigo.

A medida que empezamos a practicar nuestra fe eucarística a través de las Horas Santas, la Bendición del Santísimo Sacramento, la asistencia a la Misa con más frecuencia, la participación en las procesiones eucarísticas y el santiguarnos al pasar por las iglesias, desarrollamos nuevos hábitos. Las nuevas prácticas ya no nos duelen, sino que se convierten en parte integrante de nuestra vida de fe. No estamos ganando la gracia de Dios, probándonos a nosotros mismos ante Jesús. Está claro que Jesús no quiere eso. Más bien, estamos aprendiendo a ser amantes de Dios. Como escribe el teólogo oriental Jean Corbon:

> Aquí se sitúa el verdadero ayuno de los que perseveran voluntariamente en la oración: se sientan a la mesa de los pecadores hambrientos. La oración hace entonces suyo el deseo del Hijo Amado, que vino a compartir con los demás la comida pascual en la que se entrega. Pero ¿quién será capaz de cantar la alegría del Espíritu Santo, el gran Hallel de este misterioso banquete? Porque cuanto más consiente un corazón en este tipo de oración, más se une el Espíritu a él en la *kenosis* del amor.[18]

Corbon está describiendo la forma en que funciona el deseo en la oración. Cuanto más reconozcamos nuestro anhelo de estar en unión con Cristo, de desear participar en el gran Hallel (refiriéndose a los salmos festivos judíos) o festival del amor divino, más compartiremos la relación que Jesús tiene con el Padre. Reconocemos lo vacíos que estamos. Eso es lo que significa la palabra *kenosis*. Es una palabra griega que se refiere a "vaciarse de sí mismo". Estamos vacíos no porque no seamos dignos, sino porque nuestro deseo de Dios es tan grande que no hay nada que podamos poseer que pueda apagar nuestro amor.

Una catequesis eucarística sin deseo de amor se convierte en una apologética árida o en un enfoque de la formación religiosa en el que el objetivo de la vida católica es levantarnos por las correas de nuestras prácticas y demostrar así que somos dignos del amor divino. Sin embargo, una catequesis eucarística de amor significa que todas las dimensiones de la catequesis deben estar impregnadas de deseo, cultivando un amor más allá de todo relato por el Señor Eucarístico.

- Tras conocer el papel de la memoria, la comprensión y el deseo, ¿qué ideas has tenido sobre un enfoque adulto de la catequesis? ¿Qué implicaciones pueden tener estas ideas en tu parroquia o escuela católica?

FORMACIÓN EUCARÍSTICA EN GRUPOS PEQUEÑOS

La memoria, la comprensión y el deseo de amor podrían ser importantes para desarrollar un enfoque integral de la formación eucarística de adultos. Pero, ¿cómo sería esa catequesis de adultos? Especialmente si no vamos a seguir simplemente un modelo de aula?

En los últimos cincuenta años, la Iglesia ha mantenido un modelo de educación de adultos en pequeños grupos. Estos grupos comenzaron en América Latina y se llamaron *comunidades eclesiales de* base". Leían juntos las Escrituras y reflexionaban sobre sus vidas a la luz de lo leído. Todo el mundo, sin importar su pobreza, fue invitado a participar en este proceso de diálogo.

En los Estados Unidos, este enfoque de grupos pequeños se ha apoderado de muchas de nuestras parroquias, especialmente en torno a los estudios bíblicos. Grupos como *Evangelical Catholic, FOCUS y RENEW International* se centran en conversaciones en pequeños grupos en torno a la Sagrada Escritura. El *Directorio para la catequesis* destaca su importancia para la vida parroquial en todo el mundo:

> La comunidad cristiana es el primer agente de la catequesis. Por ello, la pedagogía catequética debe esforzarse en transmitir la importancia de la comunidad como espacio fundamental para el crecimiento de la persona. El modelo comunitario es también visible en la dinámica del grupo, lugar concreto en el que vivir "las nuevas relaciones traídas por Jesucristo" que pueden "convertirse en una auténtica experiencia de fraternidad". La atención a las relaciones de grupo tiene un significado pedagógico: desarrolla el sentido de pertenencia a la Iglesia y ayuda al crecimiento en la fe.[19]

La catequesis de grupo no es solo una técnica de evangelización; es constitutiva de una formación religiosa integral. Aprendemos a ser católicos, a convertirnos juntos en un pueblo eucarístico.

Una cultura de formación eucarística integral

¿Podemos tomar las ideas planteadas por las comunidades eclesiales de base y el alcance de los grupos pequeños en los movimientos de evangelización y aplicarlas a una formación eucarística integral? Sí. Al fin y al cabo, la misma reflexión que tiene lugar en los estudios bíblicos en pequeños grupos puede tener lugar en torno a la Misa, contemplando las vidas de los santos eucarísticos, o en una serie de sesiones dedicadas a discutir la relación entre la enseñanza social católica y la Eucaristía. El Centro de Liturgia de Notre Dame del Instituto McGrath para la vida de la Iglesia tiene recursos en nuestro sitio web que hacen todo esto. Pero en caso de que quieras crear los tuyos propios, cada uno de estos recursos pasa por tres pasos.

Paso 1: El comienzo de la conversación en un grupo pequeño implica dirigir la atención a alguna dimensión de la Eucaristía que merezca la pena contemplar.

Puede ser una imagen de un retablo, un elemento arquitectónico concreto de la Iglesia, una escritura sagrada, un texto o una práctica ritual de la Misa, un poema o una pieza de música sagrada. En el grupo, creamos un espacio y un tiempo para contemplar juntos el objeto bello. Estar juntos en oración silenciosa ayuda a crear una comunidad eucarística, aquellos que han aprendido a rezar unos con otros. Además, nuestra memoria eucarística común se enriquece en este proceso.

Paso 2: Maravillarse, como se recuerda, no consiste solo en mirar un objeto. Significa hacerse preguntas sobre lo que hemos contemplado.

Si acabamos de leer el himno de Santo Tomás de Aquino sobre la Eucaristía, empezamos a hacer preguntas. Las preguntas pueden ser de todo tipo, sobre todo si queremos cultivar la libertad de la persona. Las preguntas pueden ser sobre el significado de las palabras, la historia de lo que hemos contemplado, por qué es importante para mí, cómo me hace pensar de forma diferente sobre la asistencia a Misa o mi vida, etcétera. Un facilitador crea preguntas para orientar, pero el facilitador no es el maestro de la indagación común.

Paso 3: Al final de esta conversación, se vuelve a la oración silenciosa.

Se nos invita a pensar en lo que hemos aprendido, en cómo nos ha formado. Imaginamos qué prácticas realizaremos durante la próxima semana teniendo en cuenta lo que hemos contemplado en esta sesión. Incluso podemos comprometernos mutuamente a participar en una práctica concreta en grupo. La Misa de la mañana, una obra de misericordia eucarística (tratada en el capítulo 5), o una Hora Santa común. Pasar tiempo con el Amado es el énfasis de la última etapa, volviendo a un acto de amor que profundiza nuestro deseo de unión con Cristo.

Una pequeña nota sobre estas comunidades. No es necesario que se organicen de manera tan formal como para que sea imposible que un equipo pastoral las gestione. Estas comunidades podrían cultivarse en los barrios y no a las 19:00 horas en la parroquia (probablemente, mejor para las familias con niños pequeños de todos modos). Pueden integrarse en comunidades parroquiales ya existentes, como los grupos de madres y padres. Se pueden hacer adaptaciones para que las familias puedan participar juntas en esta reflexión. Las pastorales de jóvenes y adultos jóvenes también pueden retomar estas reflexiones comunes sobre el misterio eucarístico.

Es importante, como subraya el *Directorio para la catequesis*, que ninguno de estos grupos olvide que la asamblea dominical es la comunidad de todas las comunidades. Los pequeños grupos no pueden sustituir el encuentro de carne y hueso que tenemos con otros católicos el domingo por la mañana, que vienen a adorar al Señor Eucarístico. Porque es ahí donde mejor se fomenta una espiritualidad eucarística de comunión en la parroquia.

- ¿Qué has aprendido sobre la catequesis en este capítulo? ¿Cómo podría una formación eucarística integral beneficiar a tu parroquia para convertirse en Pueblo Eucarístico?
- ¿Qué otros temas de discusión en pequeños grupos podrían interesarle en relación con una catequesis eucarística integral para adultos? Envíanos un correo electrónico a ndcl@nd.edu con estas ideas.

4.
UN CATOLICISMO POPULAR EUCARÍSTICO

Un tema a lo largo de este libro ha sido la vocación eucarística o la llamada del católico. La celebración de la Misa no es solo algo que hacemos los domingos por la mañana; cada católico está llamado a consagrar el mundo a Cristo a través de su vida. El objetivo de cultivar una cultura eucarística en la parroquia es esta vocación de dar testimonio público del señorío de Jesús.

Hasta ahora, en este libro, hemos atendido a las dimensiones *ad intra* o intramuros del fomento de esta cultura eucarística. Nos convertimos en un pueblo eucarístico a través de una reverencia enculturada en la liturgia y una formación eucarística integral del Pueblo de Dios. Pero también hay una dimensión *ad extra* o extramuros de esta formación. Una cultura eucarística debe extenderse fuera de los muros de la iglesia hacia el mundo. Sin dejar nada atrás de nuestro encuentro con Jesús en el Santísimo Sacramento, de nuestro sacrificio de alabanza que ofrecemos en la Misa y de nuestra contemplación de este misterio de amor, estamos llamados a ir a nuestras familias, trabajos y barrios para hacer presente el amor eucarístico de Cristo para la vida del mundo.

Los dos capítulos restantes completarán nuestro retrato de una cultura eucarística atendiendo al catolicismo popular y a la solidaridad eucarística. Todo lo que hemos reflexionado hasta ahora no queda atrás. Llegar a ser personas eucarísticas requiere que asumamos las cuatro dimensiones de una cultura eucarística.

UN CATOLICISMO POPULAR EUCARÍSTICO

El término *catolicismo popular* puede resultar inicialmente confuso. Para muchos lectores ingleses, *popular* está ligado a la fama. Una persona que es popular tiene mucha gente que le gusta. La popularidad se relaciona con lo que está de moda, y el catolicismo no está de moda.

Este no es el significado de la palabra *popular* exclusivamente, ni en inglés ni en español. *Popular* significa "del pueblo". El catolicismo popular o público es, por tanto, un enfoque del catolicismo que es del pueblo. Es un catolicismo vivido, que se traslada fuera de las puertas de la parroquia a las familias y los barrios. El teólogo católico Roberto S. Goizueta escribe sobre el catolicismo popular:

> Ya sea en las *Posadas*, la recreación navideña de la búsqueda de alojamiento de José y María; o las *mañanitas* cantadas a Nuestra Señora de Guadalupe en la mañana de su fiesta; o el *Vía Crucis* del Viernes Santo; o la peregrinación anual a la santa capilla de Chimayo, Nuevo México; o las celebraciones del Día de los Muertos; o las oraciones familiares ofrecidas en el altar del hogar, las latinas y los latinos

> experimentan la presencia palpable y amorosa de un Dios que camina con nosotros en el ritmo diario de la vida en la familia, el barrio y la comunidad. El catolicismo de las latinas y los latinos ... tiende a ser un catolicismo arraigado, en primer lugar, no en la parroquia sino en el hogar, en el barrio.[1]

Goizueta destaca el modo en que el catolicismo se vive en las familias y los barrios y no exclusivamente en la liturgia eucarística. Las procesiones, el canto de himnos y las devociones domésticas conforman un catolicismo popular que celebran los fieles bautizados en el mundo. Este catolicismo del pueblo sigue vivo entre los católicos latinos y en lugares como Polonia. Pero en gran parte de Europa y los Estados Unidos, el catolicismo popular ha caído en el olvido.

¿Qué ha pasado? Esta es una pregunta compleja, que queda fuera del alcance de este libro. Pero permítanme reconocer una causa del declive del catolicismo popular. En el siglo XX, los estudiosos de la liturgia hicieron demasiado hincapié en la distinción entre liturgia y vida devocional. Temiendo que los católicos no entendieran la importancia de la liturgia eucarística, gran parte de la enseñanza de la Iglesia subrayó que la liturgia de la Iglesia es la base de la vida devocional, y no al revés. Sí, las devociones como el Vía Crucis, el Rosario, el encendido de velas ante las estatuas y las peregrinaciones tienen su lugar. Pero la oración pública de la Iglesia en los ritos litúrgicos formales es donde debemos centrarnos.

Irónicamente, este enfoque casi miope en la liturgia ha llevado a una privatización de la vida católica. Los católicos saben ir a Misa el domingo durante una hora. Pero eso es todo. Muchos católicos no saben rezar el Rosario en casa. Sin la liturgia oficial de la Iglesia, no tienen vida de oración. La pandemia de COVID-19 lo demostró. La mayoría de las parroquias respondieron al distanciamiento social, no fomentando la práctica de un catolicismo doméstico y popular, sino transmitiendo las Misas en directo.

En consecuencia, sin un catolicismo popular o vivido, las liturgias de nuestras parroquias se resienten. Resulta que si bien es posible una distinción teológica entre los ritos litúrgicos y la piedad popular (los primeros implican a un ministro de la Iglesia, los segundos no), la misma distinción no es viable en relación con la experiencia humana. Al fin y al cabo, yo no soy más que un simple ser humano. La persona que va a Misa los domingos es la misma que participa en las Posadas, que va al Vía Crucis durante la Cuaresma, que enciende velas en las tumbas el día de Todos los Santos y que recuerda anualmente los aniversarios de bautismo de nuestros hijos. Bautizado en Cristo, ejerzo mi sacerdocio bautismal en el santo sacrificio de la Misa y participando en un catolicismo popular en mi barrio.

Como señala Goizueta, a menudo son los lugares en los que el catolicismo popular está vivo y es Bueno, los que también están floreciendo en la vida litúrgica de las parroquias.[2] Esto se debe a que en esos lugares el cristianismo no ha sido excesivamente espiritualizado, deformado en una serie de principios filosóficos en lugar de un encuentro vivo con el Dios encarnado. Como escribe Goizueta, "la mayor amenaza para la fe es precisamente la que representa un cristianismo racionalista o espiritualista que predica un Dios sin mundo; un Cristo sin rostro, sin cuerpo, sin heridas; una cruz sin corpus".[3]

Para que una parroquia se convierta en un pueblo eucarístico, hay que recultivar un catolicismo popular, que no separe la vida litúrgica y la vida devocional de la persona. Debemos admitir que muchas parroquias estadounidenses han cortado el vínculo entre ambas, ignorando la importancia de la práctica católica vivida. Las culturas católicas latinoamericanas—presentes en los Estados Unidos desde el principio—ofrecen una oportunidad para restaurar un catolicismo popular y, por tanto, eucarístico.

- ¿Es el catolicismo popular, tal como lo define Goizueta, parte integrante de la identidad de su parroquia? Si es así, ¿cómo lo sabe? Si no, ¿por qué?

RESTAURAR UN CATOLICISMO EUCARÍSTICO Y DEVOCIONAL

¿Cómo podemos recuperar lo que se ha perdido en muchas parroquias estadounidenses? Simplemente, tenemos que recuperar las devociones que han sido importantes para los católicos durante muchas generaciones.

Estas devociones forman parte de la fe eucarística de la Iglesia y no están separadas de ella. Como hemos visto a lo largo de este libro, todo lo que es auténticamente humano puede encontrar un lugar en la Misa. Cuando rezamos el Rosario con nuestras familias, estamos participando en un momento de recuerdo de los misterios de la vida de Cristo que llevamos a la liturgia eucarística.

Una mujer que enciende una vela ante una estatua en una iglesia tranquila está realizando un acto eucarístico de intercesión. Su fe y esperanza en un Dios que escucha los gritos de los pobres se hace presente en el santuario. Una parroquia mexicana en una ciudad que va de casa en casa, representando la búsqueda de la Sagrada Familia de un espacio para dormir, hace presente el misterio eucarístico de la Navidad. El amor ha venido a habitar entre nosotros, aunque no lo reconozcamos.

Las devociones eucarísticas son fundamentales para reconectar la cadena de la práctica devocional en nuestras parroquias. Las devociones eucarísticas de 40 horas, que implican a toda la parroquia, permiten que la Eucaristía impregne todo el espacio y el tiempo. Las Horas Santas transforman nuestros corazones para amar más la Eucaristía. Recuerdo cuando era estudiante y hacía una Hora Santa todos los martes a las 2:00 de la mañana. Me despertaba en medio de la noche, abrigándome para soportar una caminata de diez minutos en la nieve para rezar ante el Santísimo Sacramento en la capilla de *Fischer Hall*. No siempre estaba totalmente consciente de mi oración. A veces me quedaba dormido. Pero esta práctica devocional permitió que la Eucaristía se integrara en todas las horas de mi día, llegando a ser tan importante para mí que estaba dispuesto a despertarme en medio de la noche para visitar a nuestro Señor.

Además, estas devociones eucarísticas permiten también dimensiones de piedad más afectivas que las que a veces experimentamos en la Misa. La bendición del Santísimo Sacramento, con himnos que nos permiten elevar el corazón y el alma a Cristo, no hace más que aumentar nuestra capacidad de oración en la Misa.

Procesiones eucarísticas

Las procesiones eucarísticas también son importantes para restaurar un catolicismo popular y encarnado. Ahora, permítanme ser claro. Recorrer los barrios con el Santísimo Sacramento no hará que de repente los católicos acudan en masa a la Misa. Este es el tipo de pensamiento mágico que a menudo infecta a la Iglesia en torno a la evangelización.

Sin embargo, estas procesiones son fundamentalmente populares y, por tanto, forman parte de la fe del Pueblo de Dios. En la Iglesia medieval, la fiesta del *Corpus Christi* (el Cuerpo y la Sangre de Cristo) se celebraba con procesiones eucarísticas por las calles de la ciudad. Estas procesiones ponían de manifiesto una dimensión clave de la fe eucarística. La Misa no solo consistía en la recepción de Jesucristo, sino en la solidaridad eucarística de todo el vecindario.[4] Todo en la ciudad podía ser transformado por la presencia eucarística del Señor. No todo el mundo era un creyente devoto, ni un comulgante habitual, pero a través de estas procesiones eucarísticas encontraban una forma de participar en el misterio del amor divino que no puede limitarse a la celebración de la Misa en la iglesia parroquial o catedral.

Las procesiones eucarísticas también se celebraban en la Iglesia medieval en otras ocasiones, como los días de la Rogación y de las Brasas. Las rogativas y los días de las brasas eran tiempos de oración y ayuno que precedían a la siembra y a la cosecha. Las Jornadas de la Rogación de primavera (celebradas antes de la Ascensión) incluían el recorrido de los límites de la parroquia con el Santísimo Sacramento, así como la celebración de letanías y otras bendiciones a lo largo del camino.[5] Estas procesiones manifestaban algo de la identidad eucarística de la parroquia. La Misa no era un acto privado, solo para los reunidos en la iglesia. La Eucaristía tenía implicaciones para todo el mundo en los límites geográficos de la parroquia: el amor de Dios unía a todos. Además, todo lo que el pueblo tiene recibido, incluidos los frutos del campo y del bosque, son dones de nuestro Señor Eucarístico.

La familia eucarística

El catolicismo popular, como ha señalado Goizueta, defiende la importancia de la práctica religiosa doméstica. En el catolicismo latino, a menudo es la fe de la abuela o de la *madre* la que capta la imaginación de los niños. Se aprende una poderosa fe eucarística en el contexto del hogar, descubriendo el modo en que la presencia de Jesús y de su madre, María, lo cambia todo.

Recuperar un catolicismo popular eucarístico requiere, por tanto, hacer hincapié en la familia como iglesia doméstica. Cuando digo que la familia es la iglesia doméstica, quiero subrayar tres advertencias.

1. Llamar a la familia iglesia doméstica no es solo una metáfora útil.

Más bien, en la medida en que la familia es una manifestación de la comunión divina en el mundo, un lugar donde el amor de Cristo y de la Iglesia se hace presente, la familia es real y verdaderamente una iglesia doméstica.[6] Por su naturaleza, la familia es, por tanto, eucarística, invitando a cada persona a experimentar el amor de Cristo en la comunión imperfecta del marido, la esposa y (si Dios quiere) los hijos. La familia, cuando se reúne en oración y bendición, o cuando recuerda las fiestas del año eclesiástico, es una auténtica manifestación del amor de Cristo por el mundo.

2. Debido a la identidad eucarística de la familia como espacio de comunión en el mundo, debemos evitar un relato romántico de la familia.[7]

Sí, la familia tiene la vocación de custodiar el amor. Las madres y los padres son parte integrante de esta tarea, aunque la iglesia doméstica no es reducible a lo que suele llamarse familia nuclear. Pero un catolicismo popular reconoce que la vida familiar es complicada. No es un modo de existencia angelical, en el que los niños son siempre perfectos, y las madres y los padres lo hacen todo bien en todo momento. De lo contrario, casi todas las familias que he conocido (especialmente la mía) estarían excluidas.

3. La familia es una iglesia doméstica en relación con la celebración concreta del misterio eucarístico en la parroquia.

Esto significa que la familia debe aprender a ser lo que se recibe en el misterio eucarístico, una comunión de amor que existe para la vida del mundo.[8] Todo lo que hemos dicho sobre una formación eucarística integral en el capítulo 3, es pues, importante para la familia. La memoria, la comprensión y el deseo de la familia deben estar impregnados de la Eucaristía.

Sin embargo, hay tres maneras en que la familia contribuye a la restauración de un catolicismo popular que es esencial para una cultura eucarística.

1. La familia es un lugar de memoria eucarística.

Es en el seno de la familia donde las fiestas litúrgicas de la Iglesia pasan a formar parte de la vida cotidiana.[9] En mi familia, solemos recordar la vida de los santos como parte de nuestra experiencia cotidiana. Los días de sol se saborean cuando la familia pasa tiempo junta en el ocio sagrado. Hacemos pasteles rosas para los domingos de *Gaudete* y *Laetare,* y ayunamos juntos el Miércoles de Ceniza y el Viernes Santo, cenando sopa de tomate y un poco de pan. El misterio de la vida de Cristo ya no es una abstracción, sino que se vive en las formas de carne y hueso que son normales en las familias.

2. Las familias oran juntas.

En nuestra familia es importante que hayamos creado un espacio separado para la oración, lleno de íconos y velas por el bien de nuestro culto común. Sí, vamos a la Misa dominical. A veces, también vamos entre semana. Pero lo que ocurre en la Misa no se queda ahí. Cada noche elevamos nuestras voces a Dios mientras cantamos himnos y salmos de alabanza. En estas oraciones marcamos el tiempo litúrgico, cambiando lo que decimos y cantamos según avanzan las estaciones del año eclesiástico. Nos bendecimos unos a otros.

3. **Practicamos en la vida familiar cotidiana todas las disposiciones necesarias para el culto eucarístico a Dios.**

Nos perdonamos mutuamente las transgresiones grandes y pequeñas. Cada día, alrededor de la mesa, compartimos lo que agradecemos. Practicamos la hospitalidad, acogiendo en nuestra casa a amigos, vecinos y a mis alumnos. No solo cultivamos estas disposiciones, sino que hablamos de por qué son importantes para nosotros. Los padres son los primeros catequistas de sus hijos, no porque necesariamente les expliquen todas las doctrinas. Más bien, son los primeros catequistas porque explican por qué el misterio de la vida de Cristo es tan importante para la cultura de la familia.

LA VOCACIÓN EUCARÍSTICA EN EL TRABAJO

Una gran parte de nuestra vida consiste en el trabajo. Y, sin embargo, ¿con qué frecuencia hablamos del trabajo en la parroquia? Un catolicismo público, de forma popular, exige que consideremos la calidad eucarística de nuestro trabajo. Esta llamada a pensar en la dimensión eucarística de nuestro trabajo cotidiano no es nueva. El gran teólogo litúrgico jesuita Josef Jungmann escribió:

> Si la Iglesia cobra vida en los participantes de la liturgia activamente celebrada, entonces nace una nueva relación con el mundo circundante; una nueva relación con el propio mundo material, con el mundo de los oficios y las profesiones. Porque son los hombres reales de carne y hueso los que están

atrapados en el proceso de la liturgia. Son sus voces, sus idas y venidas las que se han convertido en parte de la acción sagrada. Es el pan del mundo laboral que se lleva al altar. Es el trabajo de la mano del artesano el que aparece en el mobiliario y la decoración sagrados, en el edificio que lo encierra todo. Es el mundo cotidiano el que es arrastrado a la acción sagrada, unido al sacrificio que Cristo presenta con su Iglesia aquí reunida.[10]

El cristiano posee una vocación eucarística, que se traslada fuera de los muros de la parroquia a su vida laboral. El maestro consagra la existencia al Padre a través del acto educativo. El enfermero hace lo mismo cuidando a los enfermos. Esos momentos de consagración nos devuelven al altar, donde estamos en presencia de Jesucristo, ofreciéndole nuestro servicio de amor para la vida del mundo.

¿Qué nos ha pasado a los católicos para que lo hayamos olvidado? ¿Y cómo podemos recuperarlo? Sencillamente, tenemos que dar a los hombres y mujeres de nuestra parroquia ocasiones para reflexionar sobre la calidad sagrada del trabajo que realizan. Hablamos de la vocación no como algo abstracto, sino como la forma en que vivimos nuestra identidad como sacerdotes bautizados de Jesucristo en el mundo. Un retiro eucarístico anual en la parroquia (un esquema se encuentra en los recursos en línea), centrado en el tema del trabajo, es una manera de recuperar la calidad eucarística del trabajo en nuestras parroquias. Además, un retiro de este tipo formaría a hombres y mujeres para que vean su identidad como católicos no como algo privado, solo para ellos, sino como algo entregado para el florecimiento de sus vecinos. Renovar una visión eucarística del trabajo nos lleva ya al tema del siguiente capítulo, cultivar la solidaridad eucarística en la parroquia.

CONCLUSIÓN

Todo lo que es auténticamente humano puede encontrar un lugar en la Eucaristía. Y eso significa que un catolicismo popular, celebrado no solo dentro de las paredes de la iglesia parroquial, es integral para cultivar un pueblo eucarístico. La vida devocional, las procesiones eucarísticas, la iglesia doméstica y una visión eucarística de la vocación forman parte de la restauración de un catolicismo popular en la vida católica estadounidense. Y, como veremos en el último capítulo, la renovación de las parroquias está estrechamente relacionada con el cultivo de una solidaridad eucarística con todo el vecindario.

- ¿Cómo podría el catolicismo popular, tal como se expone en este capítulo, servir de bálsamo contra un catolicismo privado centrado solo en el individuo?
- Piensa en las devociones que aprendiste de niño o de adulto. ¿De qué manera son eucarísticas en la forma definida por este libro?

- La familia y el trabajo están definidos por la Eucaristía. ¿Cómo? ¿Trata tu parroquia a las familias y a los trabajadores como eucarísticos? Si no lo hace (o podría hacerlo mejor), ¿qué ideas le ha generado este capítulo? ¿Hay formas de utilizar los recursos disponibles en línea para cultivar un catolicismo popular eucarístico en tu entorno parroquial?
- Visite https://eucharisticrevival.org/about/#resources para obtener esquemas de posibles formas de adorar la Eucaristía fuera de la Misa, incluyendo las Procesiones Eucarísticas y la adoración del Santísimo Sacramento.

5.

UNA CULTURA DE LA SOLIDARIDAD EUCARÍSTICA

Hace algunos años, presenté un trabajo sobre la orientación eucarística de la doctrina social católica en una conferencia. Pensé que el argumento del ensayo no era controvertido. El sacrificio eucarístico de Jesucristo, el don del amor divino, forma parte de la vocación de la Iglesia de transformar la esfera pública en un espacio de comunión. La enseñanza social católica y la Eucaristía están intrínsecamente conectadas. Como la mayoría de las ponencias académicas (de estudiosos desconocidos de poca importancia), no asistió más que un puñado de personas, entre ellas un joven que se había comprometido con la justicia social. Levantó la mano, desconcertado. ¿Qué tenía que ver la Misa con su defensa pública de los marginados? ¿Con la justicia? ¿Cómo podría pasar una hora cada semana, orando con la Iglesia, ayudarle realmente a resolver el problema de la pobreza?

La pregunta del joven podría hacerse en casi todas las parroquias de los Estados Unidos. Sí, la mayoría de nosotros reconoce que la Iglesia tiene una cierta responsabilidad en la esfera pública. Debemos alzar la voz contra los ataques a la dignidad humana de los no nacidos, los inmigrantes y los presos. Pero, ¿qué tiene que ver esta defensa política con la Eucaristía? ¿No es esa defensa un apéndice para los interesados?

Como he escrito en otro lugar, debido a la separación de la doctrina social católica y la Eucaristía, la enseñanza social de la Iglesia sigue siendo desconocida e inapropiada para la mayoría de los católicos.[1] Esta es una mala noticia, que perjudica la capacidad de la Iglesia de ofrecer un testimonio público al mundo del don del amor divino. Muchas de nuestras parroquias, como señalé al principio de este libro, están polarizadas en las cuestiones sociales de nuestros días. Nos inspiran más las políticas de demócratas y republicanos que nuestro compromiso con la vocación eucarística de la Iglesia, la hermosa responsabilidad de transformar cada grieta y hendidura del mundo en un espacio de amor divino.

La Iglesia y el mundo sufren por esta ruptura, incapaces de dar pleno testimonio de las maravillosas posibilidades que ofrece la presencia de Jesucristo en cada iglesia parroquial. Debemos volver a aprender el arte de la solidaridad eucarística, reconociendo que el don de recibir al Señor en el Santísimo Sacramento viene acompañado de un compromiso renovado de amor al prójimo. Una cultura eucarística, por tanto, debe cultivar una solidaridad eucarística en el Pueblo de Dios. Esta solidaridad eucarística estará marcada por la coherencia eucarística, las obras de misericordia eucarísticas y el testimonio profético de una política de comunión en la esfera pública.

¿QUÉ ES LA SOLIDARIDAD EUCARÍSTICA?

En 2017, visité la ciudad de Gdańsk, en el norte de Polonia. Fue en esta ciudad donde comenzó el movimiento de Solidaridad en Polonia. Solidaridad (*Solidarność*) en Polonia fue un movimiento social que dio testimonio de la dignidad del trabajador contra el comunismo impuesto en Polonia por los rusos. Este movimiento se basaba en la protesta no violenta, incluso cuando el Estado reaccionaba violentamente contra los manifestantes. Y como Polonia era imposiblemente católica, contraria al deseo de Rusia, la práctica religiosa era parte integral del movimiento. Al pasar dos horas en un museo dedicado al movimiento, me conmovieron los vídeos de hombres en los astilleros confesando sus pecados a los sacerdotes, recibiendo el Santísimo Sacramento, y continuando con la defensa de la dignidad del trabajador. Este testimonio público fue responsable, al menos en parte, del colapso del comunismo en Polonia.

Karol Wojtyła (ahora conocido como San Juan Pablo II) estaba al tanto de este movimiento, al menos de lejos. Había sido elegido papa en 1978. Y, sin embargo, se había formado en una larga tradición social de solidaridad que era parte integrante de Polonia. Bajo su papado, el tema de la solidaridad cobró importancia en la enseñanza social católica. En su documento de 1987 *Sollicitudo Rei Socialis (La preocupación social)*, el santo pontífice defendió la importancia de la solidaridad para toda la familia humana. La solidaridad, como he dicho antes, no es solo un sentimiento vago. No es una forma elegante de decir: "¡Lo siento, hermano!". Más bien, la solidaridad es el reconocimiento de que mi vecino es una persona. Como seres humanos, compartimos algo fundamentalmente en común con los demás: la categoría de persona. Dado que compartimos nuestra identidad como personas, tu sufrimiento significa algo para mi vida. No puedo ignorarlo.

Como escribió San Juan Pablo II, la solidaridad "no es un sentimiento de vaga compasión o de superficial angustia ante las desgracias de tantas personas, tanto cercanas como lejanas. Por el contrario, es una determinación firme y permanente de comprometerse con el bien común; es decir, con el bien de todos y de cada uno, porque todos somos realmente responsables de todos".[2] Dado que compartimos la condición humana, tu bien y mi bien están inextricablemente unidos. Por poner un ejemplo que podría ser controvertido, yo podría llevar una máscara durante una pandemia no porque tenga miedo de morir. En cambio, llevo la máscara por tu bien. No quiero que enfermes y mueras. Incluso podría abogar en la esfera pública por un mandato de mascarilla pública (de nuevo controvertido) porque creo que tengo una responsabilidad pública por el bien de toda la comunidad de hombres y mujeres.

Para San Juan Pablo II, la solidaridad es accesible a la razón. Pero, como todas las dimensiones de la doctrina social católica, adquiere una dimensión más rica cuando se tiene en cuenta el Evangelio. Escribe:

> A la luz de la fe, la solidaridad pretende ir más allá de sí misma, para asumir la dimensión específicamente cristiana de la gratuidad total, el perdón y la

> reconciliación. El prójimo no es entonces sólo un ser humano con sus propios derechos y una igualdad fundamental con todos los demás, sino que se convierte en la imagen viva de Dios Padre, redimido por la sangre de Jesucristo y puesto bajo la acción permanente del Espíritu Santo.[3]

Mi vida y tu vida son regalos. Sí, puedo pensar en mi obligación de considerar tus derechos. Al fin y al cabo, eres una persona que posee esos derechos. Pero, como católico, me muevo más allá de los límites de la sola razón hacia la revelación divina. Eres un hijo y una hija del Dios vivo, alguien creado porque Dios te ama. La solidaridad en clave cristiana, por tanto, está marcada por el don, el perdón y la amistad.

El enfoque cristiano de la solidaridad fue retomado por el Papa Benedicto XVI en su encíclica *Deus Caritas Est (Dios es amor)*. Es importante que el papa emérito relacione la solidaridad con la Eucaristía. Escribe:

> La fe, el culto y el ethos se entrelazan como una única realidad que toma forma en nuestro encuentro con el ágape de Dios. En este caso, la habitual contraposición entre trabajo y ética simplemente se desmorona. El propio "culto", la comunión eucarística, incluye la realidad de ser amado y de amar a los demás a su vez. Una eucaristía que no pase a la práctica concreta del amor está intrínsecamente fragmentada. A la inversa, como tendremos que considerar con más detalle a continuación, el "mandamiento" del amor sólo es posible porque es más que una

exigencia. El amor puede ser "mandado" porque primero ha sido dado.⁴

Vuelve a leer este pasaje. Aunque no se menciona la palabra *solidaridad*, el Papa Benedicto está describiendo una solidaridad eucarística. En el cristianismo, dado que Dios es amor, no hay separación entre la fe en Dios, el culto a Dios y el tipo de personas en que nos convertimos porque Dios nos amó primero. Tanto la liturgia como la ética son ejercicios de adoración. El don de recibir a Jesucristo en el Santísimo Sacramento, por tanto, nos llama a un ejercicio de solidaridad. Debemos amar a los demás. Y si no lo hacemos, el misterio eucarístico de la Iglesia se fragmenta o se fractura. Los mandatos de la Sagrada Escritura, amar a Dios y al prójimo, no son, pues, leyes en sentido estricto. Más bien, se convierten en respuestas al don que se ha dado primero. En la Eucaristía, recibo el amor total. Por tanto, trato de darlo. El florecimiento de mi prójimo es parte de este don.

El relato del Papa Benedicto sobre la Eucaristía y la ética es lo que yo entiendo por solidaridad eucarística. Es el reconocimiento de que mi prójimo, una persona como yo, es un regalo. Se le debe un regalo de amor a cambio, no solo porque tenga derechos. Para el católico activo, este don de amor es parte del misterio eucarístico. Recibo el don del amor en la Eucaristía no porque lo merezca. Sirvo a mi prójimo no para obtener algo a cambio. Lo hago porque todos nosotros existimos en una economía del don. Dios nos ama; por tanto, nos amamos unos a otros. Cada vez que recibo el Santísimo Sacramento, el regalo más allá de todos los regalos, me comprometo con el florecimiento de mi prójimo. El don que he recibido de Jesús, a través de Jesús y con Jesús debe ser transmitido.

El misterio eucarístico, por tanto, no beneficia solo a los católicos. Es toda la familia humana, toda persona que sufre la indignidad, la que debe beneficiarse de lo que ocurre en el altar. Aquí estoy hablando no solo de la consecuencia de la misión. Sí, *misa* significa "enviado". Pero la misión no comienza solo al final de la Misa. Al recibir a Jesucristo en el Santísimo Sacramento, ya nos comprometemos a amar al prójimo en nuestra vida cotidiana.

Coherencia eucarística

Por supuesto, sabemos que no siempre amamos al prójimo. No nos convertimos inmediatamente en lo que recibimos en la Eucaristía, es decir, en el amor total de Cristo entregado por la vida del mundo. Pero esta debilidad no significa que nunca debamos recibir la Eucaristía en la Misa. El Papa Francisco nos lo recuerda en su exhortación apostólica *Evangelii Gaudium (La alegría del Evangelio)*: "La Eucaristía, aunque es la plenitud de la vida sacramental, no es un premio para los perfectos, sino una poderosa medicina y un alimento para los débiles".[5] Si solo recibiéramos la Eucaristía cuando nos sintiéramos como si nos la hubiéramos ganado, como si hubiéramos demostrado ser dignos de la gracia, entonces perderíamos todo el sentido. La Eucaristía se convertiría en un premio para los perfectos en lugar de una medicina para los débiles. Al mismo tiempo, al llamar medicina al Santísimo Sacramento, el Papa Francisco presenta la cualidad de la Eucaristía como un don. No podemos interpretar las palabras del Santo Padre como si dijera que todos deben recibir la Eucaristía cada vez sin pensarlo dos veces. Después de todo, podría decir, Dios es misericordioso, y por lo tanto a Dios no le importa si soy incoherente en mi recepción de la Eucaristía, si engaño a mi cónyuge o pago intencionadamente mal a los que trabajan para mí. Pero para recibir el don del amor divino, necesito ver la Eucaristía como una medicina destinada a curarme de mi enfermedad. No puedo acercarme al altar, recibir a Jesús y luego seguir pecando de la misma manera. No, como nos recuerda San Pablo en su Primera Carta a los Corintios, estaría recibiendo mi propia condena.

Si queremos cultivar un pueblo eucarístico comprometido con la solidaridad eucarística, debemos atender primero a la coherencia eucarística. La coherencia eucarística no es solo para los políticos católicos.[6] Todos estamos llamados a la coherencia eucarística, a recibir el don del amor dado en el Santísimo Sacramento, y por tanto, a ofrecer ese mismo don del amor a nuestro prójimo.

En este sentido, la coherencia eucarística es una oportunidad para que toda la Iglesia, incluidos el papa, los obispos, los sacerdotes, los diáconos y los fieles bautizados, discierna nuestro compromiso con la solidaridad eucarística. Tomemos como ejemplo las crisis de abusos sexuales que han envuelto a la Iglesia católica romana, especialmente la más reciente revelación de una cultura clerical que premia el silencio. La coherencia eucarística nos exige dejar atrás esa cultura clerical y atender a la víctima. Las diócesis que han despedido a empleados laicos, a menudo sin seguir la enseñanza social católica relativa a la dignidad del trabajador, son incoherentes desde el punto de vista eucarístico.

Aquí la Iglesia debe reconocer la calidad corporativa del pecado. Debemos confesar nuestros pecados en común mediante la celebración regular del Sacramento de la Penitencia. Nosotros, como Cuerpo de Cristo en el mundo, no siempre hemos estado a la altura de nuestra identidad. Las diócesis, las parroquias y las comunidades religiosas han fallado.

Y, por supuesto, yo como individuo también he fallado. San Juan Pablo II siempre mencionó la Reconciliación sacramental en estrecha relación con la Eucaristía. Hay una razón para ello. Recibir el Santísimo Sacramento significa que busco amar como lo hizo Jesucristo. Si engaño a mi cónyuge, me enfado con mis alumnos, o trato a un compañero de trabajo con desprecio, soy eucarísticamente incoherente. En la Misa, confieso esa incoherencia con frecuencia. Confieso mi pecaminosidad, diciéndoles a todos ustedes que soy indigno de recibir a Jesús en el Santísimo Sacramento. Pero también debo reflexionar regularmente sobre mi vida y recibir el perdón de Jesús en la confesión antes de acercarme al Santísimo. Y al recibir ese perdón, me reconcilio contigo, mi prójimo en la Iglesia. Nos pertenecemos mutuamente. Mis pecados, aunque no los conozcas, te hacen daño. Por eso es incoherente eucarísticamente si no sé quién eres tú. Nuestras parroquias están llenas de hombres y mujeres que no tienen ni idea de quién es su prójimo. El COVID-19 nos lo ha recordado. ¿Cuántos de nosotros no teníamos ni idea de quién estaba solo, sin nadie que le llevara la compra? ¿Quiénes en nuestras parroquias sufrían una soledad inimaginable? Recibir el Santísimo Sacramento significa que debo ser solidario contigo en toda tu concreción. Tu bien es mi bien. Si no te conozco, entonces soy eucarísticamente incoherente.

Nada de esto debe hacernos sentir totalmente inadecuados, lo que vuelve a caer en la trampa de confundir la Eucaristía como un premio para los perfectos. Dado que el Santísimo Sacramento es una medicina de misericordia, debo confesar que no soy digno de ese don. ¿Quién lo es? Y cuanto más reconozca mi indignidad, más reformaré mi vida para convertirla en una ofrenda coherente de amor otorgada al prójimo.

- Piensa en tu vida. ¿Eres coherente desde el punto de vista eucarístico? ¿Dónde necesitas cambiar?
- Haga las mismas preguntas, pero esta vez sobre su parroquia o diócesis.
- Mira el servicio sugerido para una Reconciliación en la parroquia disponible en línea. ¿Cómo nos devuelve el acto de la penitencia a la práctica de la solidaridad eucarística?

Obras de misericordia eucarísticas

Tal vez hayas oído algo así antes: la verdadera labor de la justicia no es la caridad, sino cambiar las estructuras. Hasta cierto punto, esto es cierto. Al fin y al cabo, es mejor que mi prójimo deje de tener hambre o de estar preso a que yo lo alimente o lo visite. El propio San Agustín lo decía a menudo en sus sermones, señalando que en el cielo no habrá hambre ni cárcel. Allí tendremos la caridad y la justicia perfectas por igual. Pero todavía no estamos en el cielo. Mientras tanto, el hambriento y el preso necesitan tanto comida como compañía.

Hay algo problemático en la afirmación de que la justicia y la caridad están reñidas. Simplemente, necesitamos amor. Somos criaturas encarnadas. Independientemente de las leyes que se aprueben, sigo necesitando la compañía humana. Sigo necesitando comida. El servicio concreto y encarnado de mi prójimo es necesario para mí, porque mi prójimo y yo somos humanos. Y Jesucristo, después de todo, se hizo humano. Se hizo prójimo de nosotros, sanando a los enfermos y dando de comer a los hambrientos de una manera carnal.

Tradicionalmente, la Iglesia ha defendido este servicio de carne y hueso como obras de misericordia. Las obras de misericordia son catorce. Están las obras de misericordia corporales, que incluyen dar de comer al hambriento, dar de beber al sediento, vestir al desnudo, acoger a los sin techo, visitar a los enfermos, rescatar al cautivo y enterrar a los muertos. Las obras de misericordia espirituales son instruir al ignorante, aconsejar al dudoso, amonestar al pecador, soportar con paciencia a los que nos ofenden, perdonar las ofensas, consolar a los afligidos y orar por los vivos y los muertos. Debido a que las obras de misericordia corporales involucran más directamente al cuerpo, podríamos olvidar cuán físicas son también cada una de las obras de misericordia espirituales. Después de todo, enseñar y aconsejar son actividades corporales. Nos estamos entregando al otro, de una manera carnal. Cualquiera que haya sido catequista de niños de sexto curso sabe que el amor que se transmite implica en gran medida estar presente en el otro.

Cada una de estas obras de misericordia, de hecho, se inspira en el don eucarístico del amor. Si preparamos la cena para los sin techo una noche, por ejemplo, no estamos haciendo nada extraordinario, o al menos no nada por lo que debamos recompensarnos. Simplemente estamos devolviendo el regalo de amor que hemos recibido. Lo mismo ocurre cuando se enseña a los estudiantes universitarios sobre los déficits de la cultura del enganche.[7] Ese acto de educación es simplemente una devolución de amor a un don primordial que se otorga en la Eucaristía.

En este sentido, si queremos practicar la solidaridad eucarística, debemos empezar a vivir las obras de misericordia. Las parroquias que se centran en la adoración eucarística, pero que no poseen una Sociedad de San Vicente de Paúl o no tienen suficientes catequistas, deben hacerse preguntas. ¿Hemos comprendido lo que se da en la Eucaristía? ¿Comprendemos que un don tan maravilloso debe ser también regalado?

- Consulta los recursos en línea dedicados a las obras de misericordia. ¿Qué hace que cada obra de misericordia sea eucarística?
- ¿Qué podría hacer tu parroquia para cultivar mejor estas obras de misericordia eucarísticas como actos de solidaridad?

Política de comunión

En ocasiones, este libro ha sido un ejercicio de rescate de palabras que odiamos de todas las terribles connotaciones que tales palabras poseen. Al concluir nuestro capítulo sobre la solidaridad, realizamos un último ejercicio de recuperación. Esta vez, nos dirigimos a la palabra *política*.

La política, por supuesto, tiene una mala reputación en la Iglesia. Para mucha gente en los Estados Unidos, no quieren que sus iglesias se involucren en la política.[8] La Iglesia y el Estado están separados. Lo que realmente queremos en la iglesia es alimento espiritual, no otra versión de CNN o Fox News.

Por otra parte, sabemos lo politizada que puede estar la Iglesia. A menudo se ha dicho que muchos católicos estadounidenses se identifican más con su partido político que con su Iglesia. Así, no son pocos los demócratas que se complacen en hablar de la dignidad del trabajo y en poner un paréntesis a los no nacidos. Los republicanos se declaran radicalmente pro-vida, excepto para los inmigrantes en la frontera. Y, sin embargo, la Iglesia está llamada a comprometerse con la *polis*. La raíz de la palabra *política* es, después de todo, *polis* o "ciudad". Estamos llamados a comprometernos con la plaza pública, a crear espacios de amor en lo que a veces es un mundo sin amor o infernal. En este sentido, la Iglesia es la más política de todas las entidades que existen. Estamos llamados a transformar la ciudad de los hombres en la ciudad de Dios.

El teólogo William T. Cavanaugh tiene algo que ofrecernos en nuestra consideración de este problema. Los estadounidenses desconfían de la política en la religión. Y, sin embargo, también estamos muy politizados. Quizá lo que necesitamos es un sentido eucarístico de la política. Cavanaugh escribe:

> La Eucaristía no es simplemente una promesa de felicidad futura fuera del tiempo histórico. En el testimonio bíblico y patrístico, encontramos la Eucaristía como una práctica terrenal de paz y reconciliación. Pablo reprende a los corintios por las continuas divisiones entre ricos y pobres, y sugiere que algunos de ellos están enfermos y moribundos *ahora* porque han participado de la Eucaristía sin reconciliar primero esas divisiones (1 Cor. 11:17–32). Donde falta la paz, la Eucaristía aparece como... un signo de juicio que exige que la gente se reconcilie antes de que pueda tener lugar una verdadera Eucaristía.[9]

La Iglesia celebra la Eucaristía no como republicanos o demócratas, sino como Pueblo de Dios. La Iglesia busca llevar a todos los hombres y mujeres a la comunión eucarística de la Iglesia. Esta comunión está marcada por una paz tan radical que apenas podemos imaginarla. El sacrificio de Cristo debe acabar con el deseo de violencia contra el prójimo, porque Jesús ha declarado la nulidad de esta violencia mediante su Muerte y Resurrección. Solo el amor vence. El amor desciende a los espacios más oscuros de las relaciones humanas, transformándolas, transformándonos.

Seamos francos. No nos hemos dado cuenta, especialmente como ciudadanos de los Estados Unidos. Estamos tan apegados a nuestra propia libertad que a veces olvidamos que nuestras vidas nos son dadas. Se nos han regalado todas las cosas. El aborto, el racismo, el odio al inmigrante, la pena de muerte... son atentados contra la dignidad humana y, por tanto, contra el don de la existencia. Son la prueba de que aún no hemos tomado suficientemente en serio la política eucarística de la Iglesia, donde el único don que podemos ofrecer a cambio es el sacrificio de Jesús, una presencia de amor que lo cambia todo.

— La coherente ética de la vida del cardenal Bernardin o las enseñanzas del Papa Francisco que advierten contra la cultura del descarte forman parte de una política eucarística. Todo ser humano fue creado para ofrecer el sacrificio del amor hasta el final, que la Iglesia realiza en la Eucaristía. Esta llamada a la solidaridad eucarística y no solo a la espiritualidad individual es difícil de escuchar para muchas de nuestras parroquias. Estamos inmersos en la política del odio y la culpa endémica de la sociedad estadounidense actual. Podemos hacerlo mejor. Pero el camino a seguir es a través del Santísimo Sacramento, con un discernimiento común de las formas en que la Iglesia puede dar testimonio en la esfera pública de una política eucarística de comunión.

¿Cómo podemos hacer esto en la parroquia, sin hacer que todos se odien? El camino a seguir es aprender a dialogar de verdad sobre cuestiones que importan tanto a la *polis* como a la parroquia. ¿Estamos dispuestos a dialogar sobre cuestiones difíciles? ¿A comprometernos a dar testimonio de la dignidad de nuestro prójimo, en un acto de solidaridad eucarística, sin importar el coste?

Pero la verdadera tarea es volver al altar, para descubrir de nuevo algo que confesamos en la Misa: que todos, cada hombre y cada mujer, están llamados a la cena del Cordero.

- Sé sincero. ¿Está su parroquia polarizada por la política? ¿Cómo?
- ¿Cómo puede la Eucaristía permitirte avanzar si estás polarizado? ¿Cómo podría la Eucaristía ayudarte a defender la dignidad de todas y cada una de las vidas humanas?
- Reúne a un grupo de feligreses para realizar nuestro curso sobre la doctrina social católica y la Eucaristía. ¿Qué has aprendido al realizar este curso sobre la solidaridad eucarística y la política?

CONCLUSIÓN

Recibir el Santísimo Sacramento es comprometerse con la solidaridad eucarística. Debemos amar al prójimo con el mismo Amor que hemos recibido en el Santísimo Sacramento. Esto es un trabajo duro. Pero es la razón por la que seguimos volviendo a la Misa, recibiendo a nuestro Señor sacrificado para que podamos consagrar cada dimensión del cosmos a Cristo. Esto es lo que la solidaridad eucarística, al final, es: un cosmos transformado por el amor.

CONCLUSIÓN: UN LUGAR EN EL QUE LOS CORAZONES ESTÁN CONTINUAMENTE EN LLAMAS

Al principio de este libro, señalamos que la desafiliación es una gran preocupación después del COVID-19. Los que no fueron a Misa durante la pandemia podrían no volver. Y eso significa que podríamos ver una disminución de la participación en la Iglesia en los próximos años.

La solución a este problema no es tan fácil como se presenta a menudo. Oímos a la gente decir que si simplemente cambiamos las enseñanzas de la Iglesia sobre *x*, *y* o *z*, entonces todo el mundo volverá. O que si enseñamos las doctrinas *x*, *y* o *z*, entonces todo se arreglará. No es tan sencillo. A mucha gente le cuesta comprometerse con cualquier institución. Cada vez somos más conscientes de la hipocresía, y exigimos que nuestras instituciones sean congruentes con su identidad más profunda.

Este libro ha propuesto que, como católicos, nuestra identidad más profunda es la Eucaristía. Somos un pueblo eucarístico, que ha recibido amor y, por tanto, está llamado a darlo. Esa es nuestra esperanzadora misión como Iglesia, una Iglesia eucarística que se reúne en torno a la presencia real de su Señor. Solo entonces viviremos como pueblo eucarístico, poseyendo una cultura impregnada del amor oblativo de Jesucristo derramado para la vida del mundo.

Pero debemos aprender a convertirnos en lo que hemos recibido. Así que este libro te ha invitado a ti y a tu parroquia a entrar en un proceso. No ha otorgado todas las respuestas (pero muchos de nuestros recursos en línea ayudarán a un acto común de discernimiento). La esperanza es que, a través de la lectura de este libro, seas capaz de iniciar un avivamiento eucarístico en tu rincón del cosmos. Uno que lleve a hombres y mujeres, que de otro modo desconfían de la pertenencia eclesial, a echar algo más que una segunda mirada. Tal vez vengan, vean y se queden con nosotros. Porque tal vez reconozcan, al rendir culto con nosotros en nuestras parroquias, que su corazón ardía desde el principio. Y, tal vez, nuestra Iglesia sea el lugar donde los corazones arden continuamente con un amor indescriptible. Al menos, eso es lo que nos prometió Jesús.

NOTAS

PREFACIO

1. John Aberth, *The Black Death: A New History of the Great Mortality in Europe, 1347–1500* (Nueva York: Oxford University Press, 2021), 103–21.

2. Pew Research Center, "In U.S., Decline of Christianity Continues at Rapid Pace", *Pew Forum*, 7 de octubre de 2019, https:// www. pewforum.org/2019/10/17/in-u-s-decline-of-christianity-continues-at-rapid-pace/. Consultado el 21 de agosto de 2021.

3. USCCB, "El Misterio de la Eucaristía en la Vida de la Iglesia", https://www.usccb.org/resources/The%20Mystery%20of%20 the%20Eucharist%20in%20the%20Life%20of%20the%20 Church.pdf. Consultado el 24 de noviembre de 2021.

4. Timothy P. O'Malley, *Real Presence: What Does It mean and Why Does It Matter?* (Notre Dame, IN: Ave Maria Press, 2021), 10.

5. Louis Bouyer, *La Iglesia de Dios: Cuerpo de Cristo y Templo del Espíritu Santo*, trans. Charles Underhill Quinn (San Francisco: Ignatius Press, 2011), 295.

6. El libro es una ampliación de un artículo anterior del autor. Véase "The Difference Between Liturgical Naïveté and a Eucharistic Culture of Affiliation" (La diferencia entre la ingenuidad litúrgica y una cultura eucarística de afiliación), *Church Life Journal*, 15 de junio de 2021, https:// churchlifejournal.nd.edu/

articles/a-eucharistic-culture-of-affiliation/. Consultado el 21 de agosto de 2021.

1. ¿QUÉ ES LA CULTURA EUCARÍSTICA?

1. Timothy P. O'Malley, *Divine Blessings: Liturgical Formation in the RCIA* (Collegeville, MN: Liturgical Press, 2019), 15–56.

2. Concilio Vaticano II, *Gaudium et Spes (Constitución pastoral sobre la Iglesia en el mundo actual)*, 7 de diciembre de 1965, no. 53, https://www.vatican.va/archive/hist_councils/ ii_vatican_council/documents/vat-ii_const_19651207_gaudium-et-spes_en.html.

3. Michael Paul Gallagher, SJ, *Clashing Symbols: An Introduction to Faith and Culture*, 2ª ed. (Londres: Darton, Longman & Todd, 2003), 25–26.

4. Papa Benedicto XVI, *Sacramentum Caritatis (El sacramento de la caridad)*, 22 de febrero de 2007, nº 2, énfasis original, https://www. vatican.va/content/benedict-xvi/en/apost_exhortations/documents/ hf_ben-xvi_exh_20070222_sacramentum-caritatis.html.

5. Benedicto XVI, *Sacramentum Caritatis (El sacramento de la caridad)*, nº 10, énfasis original.

6. Benedicto XVI, *Sacramentum Caritatis (El sacramento de la caridad)*, nº 11.

7. Benedicto XVI, *Sacramentum Caritatis (El sacramento de la caridad)*, no. 52.

8. Pontificio Consejo para la Promoción de la Nueva Evangelización, *Directorio para la catequesis* (Washington, DC: USCCB, 2020), núm. 79–89.

9. Timothy P. O'Malley, "Slow Catechesis: Liturgy, Popular Piety, and Beauty in the Directory for Catechesis", en *Together*

Along the Way: Conversations Inspired by the Directory for Catechesis, ed. Hosffman Ospino y Theresa O'Kecfe (Nueva York: Crossroad, 2021), 79–97.

10. Benedicto XVI, *Sacramentum Caritatis (El sacramento de la caridad)*, nº 71.

11. Benedicto XVI, *Sacramentum Caritatis (El sacramento de la caridad)*, nº 83.

2. UNA CULTURA DE LA REVERENCIA EUCARÍSTICA

1. Romano Guardini, *El espíritu de la liturgia*, trans. Ada Lane (Nueva York: Crossroad, 1998), 82–83.

2. Papa Francisco, *Evangelii Gaudium (La alegría del Evangelio)*, 24 de noviembre de 2013, nº 164, https://www.vatican.va/content/francesco/es/apost_exhortations/documents/papa-francescoesortazione-ap_20131124_evangelii-gaudium.html.

3. Véase Uwe Michael Lang, *Turning Toward the Lord* (San Francisco: Ignatius Press, 2009).

3. UNA CULTURA DE FORMACIÓN EUCARÍSTICA INTEGRAL

1. Timothy P. O'Malley, "My 8-Year-Old Son Has Taught Me—a Sacramental Theologian—How to Love the Sacraments Again" (Mi hijo de 8 años me ha enseñado, un teólogo sacramental, cómo volver a amar los sacramentos), *America Magazine*, 1 de abril de 2021, https://www.americamagazine.org/faith/2021/04/01/sacraments-initiation-theology-eucharist-restored-order-240270. Consultado el 16 de agosto de 2021.

2. Consejo Pontificio para la Promoción de la Nueva Evangelización, *Directorio para la catequesis* (Washington, DC: USCCB, 2020), n. 75.

3. Véase Sofia Cavalletti, *The Religious Potential of the Child: Experiencing Scripture and Liturgy with Young Children* (Chicago: Liturgy Training Publications, 2021).

4. Véase Jane E. Regan, *Toward an Adult Church: A Vision of Faith Formation* (Chicago: Loyola Press, 2002); Jane E. Regan, *Where Two or Three Are Gathered: Transforming the Parish through Communities of Practice* (Nueva York: Paulist Press, 2016).

5. *Directorio para la catequesis*, 260.

6. Romano Guardini, "Una carta de Romano Guardini", *Correspondencia de Herder* (agosto de 1964): 239.

7. Véase Timothy P. O'Malley, *Bored Again Catholic: How the Mass Could Save Your Life* (Huntington, IN: Our Sunday Visitor, 2017).

8. *Directorio para la catequesis*, nº 90–109.

9. *Directorio para la catequesis*, nº 82.

10. *Directorio para la catequesis,* nº 83.

11. Timothy P. O'Malley, *Liturgy and the New Evangelization: Practicing the Art of Self-Giving Love* (Collegeville, MN: Liturgical Press, 2013), 76–107.

12. *Directorio para la catequesis*, nº 86.

13. *Directorio para la catequesis*, nº 88.

14. *Directorio para la catequesis*, nº 201, énfasis original.

15. Agustín de Hipona, *Las Confesiones*, trans. Maria Boulding (Hyde Park, NY: New City Press), X.8.12–13.

16. Agustín de Hipona, *Instructing Beginners in Faith*, trans. Raymond Canning (Hyde Park, NY: New City Press, 2006), I.4.7, énfasis original.

17. Véase David Fagerberg, *On Liturgical Asceticism* (Washington, DC: Catholic University of America Press, 2013).

18. Jean Corbon, *The Wellspring of Worship*, trans. Matthew J. O'Connell (San Francisco: Ignatius Press, 2005), 215.

19. *Directorio para la catequesis*, nº 218.

4. UN CATOLICISMO POPULAR EUCARÍSTICO

1. Roberto S. Goizueta, *Christ our Companion: Toward a Theological Aesthetics of Liberation* (Maryknoll, NY: Orbis Books, 2009), 50.

2. Goizueta, *Christ our Companion*, 71.

3. Goizueta, *Christ our Companion*, 82.

4. Miri Rubin, *Corpus Christi: The Eucharist in Late Medieval Culture* (Nueva York: Cambridge University Press, 1991), 243–70.

5. Eamon Duffy, *The Stripping of the Altars: Traditional Religion in England c. 1400–1580* (New Haven, CT: Yale University Press, 1992), 136–39.

6. Timothy P. O'Malley, "The Embodied Mystery of the Family: A Liturgical Theology of the Domestic Church", *Listening: Journal of Communication Ethics, Religion, and Culture Invierno* (2018): 48–58.

7. Timothy P. O'Malley, "De-Romanticizing the Domestic Church: The Liturgical-Sacramental Vocation of the Christian Family", en *Renewing Catholic Family Life: Experts Explore New Directions in Family Spirituality and Family Ministry*, ed. Gregory K. Popcak. Gregory K. Popcak (Huntington, IN: OSV Institute, 2020), 29–46.

8. Timothy P. O'Malley, "The Liturgical-Sacramental Identity of the Domestic Church: Combatting Domestic Romanticism by Means of the Liturgical Act", *Antiphon* 24.1 (2020): 1–18.

9. Katherine E. Harmon, *There Were Also Many Women There: Lay Women in the Liturgical Movement in the United States 1926–59* (Collegeville, MN: Liturgical Press, 2012), 242–325.

10. Josef Jungmann, *Pastoral Litúrgica* (Notre Dame, IN: Ave Maria Press, 2014), 344.

5. UNA CULTURA DE LA SOLIDARIDAD EUCARÍSTICA

1. Timothy P. O'Malley, "The Agnostic Reception of Catholic Social Teaching" (La recepción agnóstica de la doctrina social católica), *Church Life Journal*, 7 de diciembre de 2020, https:// churchlifejournal.nd.edu/articles/the-agnostic-reception-of-social-encyclicals/. Recuperado el 21 de agosto de 2021.

2. Papa Juan Pablo II, *Sollicitudo Rei Socialis (La preocupación social)*, 30 de diciembre de 1987, no. 38, https://www.vatican.va/content/john- paul-ii/en/encyclicals/documents/hf_jp-ii_enc_30121987_sollicitu- do-rei-socialis.html.

3. Papa Juan Pablo II, *Sollicitudo Rei Socialis (La preocupación social)*, no. 40.

4. Papa Benedicto XVI, *Deus Caritas Est (Dios es amor)*, 25 de diciembre de 2005, nº 14, https://www.vatican.va/content/benedict-xvi/en/ encyclicals/documents/hf_ben-xvi_enc_20051225_deus-caritas-est. html.

5. Papa Francisco, *Evangelii Gaudium (La alegría del Evangelio)*, 24 de noviembre de 2013, no. 47, https://www.vatican.va/content/francesco/es/apost_exhortations/documents/

papa-francesco_esortazi- one-ap_20131124_evangelii-gaudium.html.

6. Timothy P. O'Malley, "What's at Stake in the Debates Swirling around Eucharistic Coherence?", *Church Life Journal*, 29 de junio de 2021, https://churchlifejournal.nd.edu/articles/what-is-at-stake-in-eucharistic-coherence/. Consultado el 21 de agosto de 2021.

7. Véase Timothy P. O'Malley, *Off the Hook: God, Love, Dating, and Marriage in a Hookup World* (Notre Dame, IN: Ave Maria Press, 2018).

8. Véase David E. Campbell, Geoffrey C. Layman y John C. Green, *Secular Surge: A New Fault Line in American Politics* (Nueva York: Cambridge University Press, 2020).

9. William T. Cavanaugh, *Theopolitical Imagination: Discovering the Liturgy as a Political Act in an Age of Global Consumerism* (Nueva York: Bloomsbury, 2002), 51–52.

Timothy P. O'Malley es un teólogo católico, autor y profesor. Trabaja en el Instituto McGrath para la vida de la Iglesia de la Universidad de Notre Dame como director de educación y director académico del Centro de Liturgia de Notre Dame. O'Malley es miembro ejecutivo del Avivamiento Eucarístico y consultor teológico para los laicos, el matrimonio, la vida familiar y los jóvenes de la Conferencia de Obispos Católicos de los Estados Unidos.

También forma parte del comité de misiones del consejo de administración de la Universidad del Verbo Encarnado de San Antonio (Texas) y es presidente de la Sociedad de Liturgia Católica.

O'Malley se licenció en teología y filosofía y obtuvo un máster en estudios litúrgicos en Notre Dame. Se doctoró en teología y educación en Boston College.

Es autor de siete libros, entre ellos, *Real Presence* y el premiado *Off the Hook*. Sus artículos han aparecido en publicaciones como la revista *America*, *Religion News Service*, la revista *Angelus* y *Our Sunday Visitor*.

El Instituto McGrath para la vida de la Iglesia fue fundado como Centro para el Ministerio Pastoral y Social por el difunto presidente de Notre Dame, el padre Theodore Hesburgh, CSC, en 1976. El Instituto McGrath se asocia con diócesis, parroquias y escuelas católicas para proporcionar educación y formación teológica para abordar problemas pastorales urgentes. El Instituto conecta la vida intelectual católica con la vida de la Iglesia para formar líderes católicos fieles al servicio de la Iglesia y del mundo. El Instituto McGrath se esfuerza por ser la fuente preeminente de contenidos y programas católicos creativos para la nueva evangelización.

El obispo Andrew H. Cozzens sirve a la Diócesis de Crookston en Minnesota.

Andrés Arango es el delegado del obispo para el ministerio hispano y director de evangelización de la Diócesis de Camden, Nueva Jersey.

Más libros católicos para hacer crecer tu fe

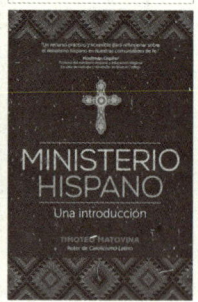

Para mayor información, visite
avemariapress.com/libros-catolicos
o escanea aquí:

AVE MARIA PRESS
Un ministerio de la Provincia de los Estados
Unidos de la Congregación de Santa Cruz

Búsquelo en los lugares de venta de libros y libros digitales.